平凡社新書
908

平成史

保阪正康
HOSAKA MASAYASU

HEIBONSHA

平成史●目次

章扉写真＝共同通信社

序章

天皇の生前譲位と「災害史観」

2016年８月、天皇陛下のビデオメッセージを映す大型モニター＝大阪市

天皇による「国民統合」の呼びかけ

　これから五十年後、百年後の人たちが、平成という時代をふり返ってどのような見方で総括するだろうか。もとより私たちは推論する以外にないのだが、確実に次の二点は論じられるであろう。

　その第一は、平成の天皇・皇后が、昭和の戦争観を意識していることである。むろん戦争観とは個人によって異なるものなのだが、昭和天皇と平成の天皇は、戦争に対して強い不信の念をもっていることが特徴として挙げられる。次いで第二は、平成史はみごとなほど昭和の矛盾を露呈していて、そしてその矛盾が新たな波を生み、不気味な予想を立てさせる事態になっている点である。もっとわかりやすくいうなら、昭和を因とし、平成を果として多様な光景が生みだされていると言ってもいい。平成史はこの二つを回転軸として回っているとの言い方もできるであろう。

　初めにこの二点を論じておくことにしたい。

　平成の天皇は、平成二十八年（二〇一六）八月八日にビデオメッセージによって、自らの生前譲位を認めてほしいと国民に訴えた。わずか二千字足らずのこのメッセージには重要な視点が隠されている。私はそのメッセージの内容は、天皇が初めて国民に対して「国民統合」を呼びかけたものだったとも思っている。幾つかのうちあえて次の三点を指摘しておきたい。

（一）メッセージの冒頭で「個人として」との表現を用いている。
（二）メッセージの中で、摂政《せっしょう》と政務代行のシステムを明確に否定している。
（三）メッセージの最後で、国民に直接、ご自身の気持ちを理解してほしいと訴えている。

これらはいずれも昭和天皇の時代には考えられなかったことである。（一）は「公人」、あるいは天皇の立場ではないとの意味になるのだが、そこには天皇の怒りがあるとも読みとれる。天皇はその言動が政治的領域に及ぶとするならば、本来なら内閣の助言と承認を得なければならないとなっている。（一）はそのような枠ではなく、あくまでも個人の判断や裁量で、このメッセージを発すると宣言しているに等しい。
（二）は、明らかに祖父の大正天皇、そして病床で寝たきり状態になり、すべての公式行事を皇太子に任せることになった昭和天皇、二人の状態を考えてほしいと訴えている。平成の天皇にすれば、祖父・父にあたる二人の天皇が、その晩年には実務をとれなくなったにもかかわらず、天皇として存在すること自体、無理があると判断していることになる。この理解をビデオメッセージの中で、はっきりと認めているのである。まず私たちはそのことを知らなければならない。

そこにこそ〈昭和〉と〈平成〉の天皇の違いもあるからだ。

捨て身の戦い

天皇のおことばの中には、「天皇の高齢化に伴う対処の仕方が、国事行為や、その象徴としての行為を限りなく縮小していくことには、無理があろうと思われます。また、天皇が未成年であったり、重病などによりその機能を果たし得なくなった場合には、天皇の行為を代行する摂政を置くことも考えられます。しかし、この場合も、天皇が十分にその立場に求められる務めを果たせぬまま、生涯の終わりに至るまで天皇であり続けることに変わりはありません」という一節もある。

ここには大正天皇が病で療養に専念するという形をとり、まだ二十歳の皇太子（のちの昭和天皇）が摂政についた史実を下敷きにしながら、大正天皇から実質的に「天皇」という地位を奪いとったとの懸念が隠されている。

これは宮中内部での噂ということになるのだが、摂政を置かれることになり、日々の政務から外れることになった大正天皇は、御名御璽《ぎょめいぎょじ》の印を侍従が摂政の公務室にもっていこうとしたときに、それを抱えて離さなかったともいわれる。現在の天皇は、このような話を含めて摂政という制度の非人間的側面を訴えられ、ご自身はそれを受けいれることはできないと明かしたのである。

昭和天皇は父・大正天皇の位を、自らが奪ったのではないかとのトラウマをずっと抱え続けていたのではないかとも思われるほどである。それならば天皇の地位を離れ、そこでのんびり過ごすといった形の生前譲位のほうが、はるかに理にかなっている。これが前述のうちの（二）であり、きわめて重い意味をもっている。

そしてメッセージの（三）についてだが、実はある程度の実情を理解していくと、天皇が直接、「国民の理解を得られることを、切に願っています」と訴えた最後の一言の微妙さに気づく。本来ならこの一行の前にメッセージは終わっていていいはずである。それなのに、天皇は国民に私の立場を理解してほしいと直接訴えたのである。

先にもふれたように天皇は、政治的言動をなすときは、内閣の助言と承認を得なければならない。このビデオメッセージは、「政治的」と考えてもいいと思われるが、それを承知で天皇が、「個人として」とか、あるいは「自らの立場を国民は理解してほしい」というのは、内閣との間に心理的な距離があることを告白していると受け止めざるを得ないように思う。「政治的プログラム」には組みこまれない歴史的事実として語っていることになるはずだ。

それにしても平成の天皇がビデオメッセージで訴えたことは、まさに「革命的」な出来事であった。これは昭和天皇の「八月十五日の玉音放送」に匹敵するといっていいであろう。玉音放送は、天皇を大元帥とする陸海軍のシステムがまったく機能しなくなり、放っておくと、沖縄戦に続く本土決戦・国家の滅亡まで進んでいくことに懸念を抱いた昭和天皇が、身を挺してこの国を救おうと企図したものであった。平成の天皇の「ビデオメッセージ」も、私の立場を考えてほしいと訴えた捨て身の戦いだったといっていい。

「昭和の玉音放送」と「平成のビデオメッセージ」は、天皇の「血の叫び」という共通点があり、それに国民はどう対応したかが問われていく。昭和と平成という時代を「天皇」という尺度で測ると、そこに国民に向けてのメッセージという表の顔は共通しているにせよ、その「血の叫び」については内容が異なっているとの違いに目を向けておくべきであろう。

〈平和勢力〉としての天皇

あえてもう一点つけ加えておきたい。

天皇にとってもっとも重要な使命は、皇統を守るということである。皇位を絶やさないという一事は、自らの存在の最大の〈目的〉である。近代日本を見ても、明治、大正、昭和、そして平成といずれの天皇も、この目的のために天皇であり続ける。〈目的〉があれば、当然それを達成するための〈手段〉がある。手段には、外交、経済、文化、伝統、それに国民との回路、それこそ幾つもがあるだろう。そしてこの中に戦争もつけ加えられるのだ。

昭和前期は、軍事指導者が主導権を握ることで、戦争という手段を選ぶよう、天皇は恫《どう》喝《かつ》されたといいうる。天皇はためらうのだが、しかし軍事指導者はその手段（もっとも彼らにはその手段しかなかったわけだが）をゴリ押ししている。そして戦争は始まった。太平洋戦争の三年八ヵ月を詳細に検討してみると、天皇は開戦からまもなく、この手段を貫けば、勝っても犠牲が大きく、国民の怨嗟《えんさ》を買うことになるだろう、敗れれば戦勝国から皇統の断絶を要求されるという事態がわかってきた（とくに二十世紀は君主制の退潮期にあたっている）。天皇の心中は、こうした〈手段〉を選ぶべきではないとの悔恨に至ったとしても不思議ではなかった。

昭和中期（占領期）、昭和後期（独立回復後）の昭和天皇について、その心中を各種史料で推し測っていくと、戦争という〈手段〉を選んだことを悔い、今後は決して選ばないことを自らに誓ったことが窺える。平成の天皇は、その誓いを忠実に受け継ぎ、さらに自らの御代には、皇后とともに日本国内だけでなく、外国の戦地にも赴き、追悼と慰霊をくり返している。そこに昭和天皇と平成の天皇との間の連携があるとみていいだろう。

とくに平成の天皇と皇后は、その信念が不動のものであることをことあるごとに強調しているように見受けられる。私たちは、昭和の後半から現在に至るまで、この二人の天皇が〈平和勢力〉と化していることに強い安堵と信頼をもつべきであろう。そこに私たちの意識がどのように収斂《しゅうれん》していくかが試されているのではないか、と私には思えてならないのである。

五五年体制の終焉がもたらしたもの

昭和、平成を論じたときに、平成において、政治家の資質が明らかに劣化しているように思う。いや昭和の政治家と比べると、かなりレベルが落ちているといってもいい。

これはすでに雑誌などでもふれたことがあるのだが、平成二十七年（二〇一五）三月の参議院予算委員会で自民党の女性議員が、「日本が建国以来大切にしてきた価値観」として「八紘一宇《はっこういちう》」という語を賞賛している。この議員は、この語を充分に理解していないこともさることながら、この語が太平洋戦争下ではアジア侵略に用いられたことなどまったく知らない。その無知を恥じるどころか、むしろ得意気に口にするに至っては愕然とした者も多いのではないか。

私も驚いたが、議事録をとりだしてさらに驚いた。この語に関して質問を受けた麻生太郎財務大臣は明確に否定もできず、宮崎県のどこかに八紘一宇の塔があるといったり、いわば支離滅裂なのである。問う側、答える側、あまりの低レベルに、これが国会の議論か、と驚きの声があがったのも当然であろう。

政治の劣化は、安倍晋三首相の発言や答弁を見ていくと、もっと明確になってくる。「私（首相）は立法府の長である」と言ってみたり（正しくは行政府の長）、「云々《うんぬん》」を「でんでん」と読んだり、冗談でも言っているのではないかという状態だ。この首相は、人と議論を交わすのが不得手らしく、すぐにムキになったり、自己陶酔したり、はては自分の都合のいいように答えたり、国会での議論をほとんど死滅状態にしたといっていいであろう。劣化の根本要因は首相の態度にあるということになる。

少なくとも昭和の国会とはレベルが違いすぎる。自らの思想や信念を武器に、与野党の論客がやりあうといった光景は、今やまったく見られない。平成の議会はなぜこんなふうになったのか。答えは簡単だ。小選挙区比例代表並立制こそ元凶だということだ。そしてあえていえば、平成五年（一九九三）に非自民八派の政権が誕生し、昭和三十年から続いてきたいわゆる「五五年体制」が崩壊したことに起因している。

昭和の政治は、たしかに共産党や公明党が存在していても、基本的には自民党と社会党の対立といった図式で続いてきた。すなわち五五年体制である。ところが平成五年の衆議院総選挙では自民党が改選議員を獲得したものの過半数には及ばなかった。そこで連立の組み合わせをどうするかが政局の中心となったのだが、新生党、日本新党、新党さきがけに社会党、公明党など八派が結集する形で、細川護熙《もりひろ》首相を軸に非自民政権が誕生した。ここで昭和三十年から三十八年間つづいた自民党政権は倒れた。同時に五五年体制も崩壊することになったのである。

この五五年体制の崩壊が、平成という時代の政治地図をつくることになった。つけ加えておけば、細川政権のもとで政治改革関連四法案（小選挙区制や比例代表制、それに政治資金規正法の一部改正など）が社会党の一部勢力の反対で頓挫《とんざ》するのだが、自民党と細川首相の話し合いでこの政治改革法案は成立している。これが平成六年（一九九四）の一月二十九日のことだった。

その後、非自民政権は、政党の寄せ集めだったためにしばしば対立抗争を続けた。細川首相が佐川急便問題で身を退いたあとは、非自民八派は羽田孜《つとむ》首相を誕生させている。しかし、社会党やさきがけを排除した形で運営を進めようとしたため社会党は連立を離脱してこの内閣はたちゆかなくなり、退陣に追いこまれている。

そこで平成六年六月に、社会党の村山富市委員長をかついで、自民党とさきがけを交えて連立政権をつくることになり、自社さによる村山内閣が誕生した。自民党内部の保守派は抵抗しているが、河野洋平、後藤田正晴、野中広務などの自民党に加えて、さきがけの武村正義なども協力する支援態勢をつくりあげた。日本の政治は——というより平成の政治は、この平成五年、六年に大きく変わったといっていいだろう。つまりこの二年間で、昭和の政治史はまったく形を変えることになったのである。

昭和の政治のツケ

さてこうして平成五年、六年の政治状況を俯瞰《ふかん》してみて、私たちはどのような感慨をもつだろうか。いや歴史上ではどういった判断をすればいいのだろうか。

私はこのときの昭和の政治の終わり（五五年体制の終焉、中選挙区制の全面廃止、小選挙区制の導入など）にこそ、平成に至る政治のディレンマや問題点が噴きだしてきたと思うのだ。

これもあえて箇条書きにして、その論点を明確にしておこう。以下のように考えるとわかりやすい。

（一）平成六年の自社さ連立政権が裏づけた虚構政治
（二）中選挙区制を廃止する論拠の薄弱さ、小選挙区制の無理
（三）日本人の政治意識に対する誤った感覚
（四）政治指導者のレベル低下と派閥解消の失敗という教訓
（五）候補者の政治理念の稀薄さ。昭和という時代の教訓無視

さしあたり平成の政治はこのような特徴を抱えているといっていいだろう。この五点を個別に論じるのでなく、大状況で論じるのであれば以下のように指摘できるのではないだろうか。問題の根は意外と深いのである。

平成六年の自民、社会、さきがけの連立政権の誕生を当時、私も歓迎した一人であった。一九九一年にソビエト連邦が解体したあとは、現実に東西冷戦の国内版、すなわち五五年体制は必要ではなくなったのである。この体制の怨念が払われて、とにかく国内での連立体制ができるのは好ましいと思えたのだ。この三党連立は、社会党・さきがけが抜けたために非自民八派は六派になったのだが、新生党代表幹事の小沢一郎が自民党から海部《かいふ》俊樹を引き抜いて、六派の首相候補者にかつぎあげた。しかし自社さの得票数にはかなわなかったのである。

この間の政治情勢は、人間性の欠如や面従腹背、さらには権謀術数が渦巻く形となった。五五年体制崩壊は見るも無残な形で人間模様を描きだした。昭和の政治のツケは、平成の政治に影を落とすだろうとは容易に推測することができたのである。

さて私はこの三政党（つまり五五年体制下の与党と野党）の連立が、平成の政治をおかしくしたのではないのか、としだいに考えるようになった。冷静に考えれば、それまでの三十八年間、日本の政治は自由主義を志向する自民党と社会民主主義を目ざす社会党との間で動いてきた。両政党は表舞台では対立という構図をつくってきたのである。この構図のもとで強行採決、牛歩戦術など議会運営をめぐる実力行使も行われてきた。両政党の対立は、政界における思想の対立であり、利害の衝突でもあった。それが一転して連立政権をつくったのである。何かおかしくないか。

つまり三十八年間の両政党の対決は、実は舞台裏ではお互いに駆け引きや談合をしていたり、ときには調整していたということではないか。何のことはない。政治は永田町という舞台で、駆け引きの対象だったというわけだ。むろんそういう野合は政党の生命線にかかわることだから、決して表には出てこない。国民の目にさらしたくない光景が裏側にあって、日本の政治は進んだといっていいだろう。実は平成六年の自民党、社会党の連立政権によりはからずもそのような想定が誤りではないとなったのだ。

むろん自民党に反対した非自民八派とて野合を繰り返して、権力を奪いとろうとしたのだから、似たようなものだが、この自社さ連立政権はとくに罪が重い。与党になることで社会党は三十八年間掲げてきた幾つかの政策を変えてしまった。たとえば日米安保条約の容認などである。はっきりいえば、これでは何のための三十八年間だったのかということになる。

私自身は社会党のこうした硬直化した政策に反対なので、ある時期からは支持者とはいえない。大局的に見るならば、社会党は自民党と連立を組むことで、熱心な支持者を失ったといえるし、自民党の支持者たちはなぜ社会党と組むのかとの疑問の声もあげたはずだった。この政治的野合劇は、平成の愚行といっていいであろう。

小選挙区制の欠陥

同時にこのとき政治改革として、選挙制度の改革が進められた。小選挙区制の導入である。こうした選挙制度は、これまでの中選挙区における同じ政党同士の戦いより、政策の違う政党との対立によって当選者が一人となる小選挙区制のほうがはるかに政治の力学が正確である、として採用されることになった。もっとも、こうなると少数政党は議席がゼロとなりかねない。公明党、共産党、民社党などは比例代表制を導入することによって議席をカバーしなければならないと強く主張した。これらの政治改革関連法案は、海部内閣、宮澤内閣、そして非自民の細川内閣にと受け継がれた。

この間さまざまな駆け引きがあったが、細川内閣のもとでまとまった最終案では、議席数を五〇〇議席とする小選挙区比例代表並立制を採用することになった。小選挙区は三〇〇議席、比例代表（地域ブロック）は二〇〇議席となり、そのほか選挙に関する諸システムも決まっていった。この政治改革関連法案が審議されている平成六年前後に日本社会は奇妙な揺れを見せた。

この選挙改革は日本の政治を前進させるプラスのシステムであり、これに反対するのは時代遅れ、いわば守旧派として謗《そし》られることになった。とくに新生党の小沢一郎代表幹事が、細川内閣の番頭役としてこの法案の推進役を務め、まるで中選挙区制にこだわるのは時代遅れの反動分子といった扱いであった。ファッショともいうべき空気が日本社会に広がった。

あえていえば私は、このころに後藤田正晴（当時、副総理）の評伝を書いたこともあり、親しく話す機会が何度もあった。後藤田もむろんこの推進役であったが、私なりに後藤田の意見をまとめると以下のようになる。

〈戦後五十年を経て、日本人の政治意識もずいぶん高まったのではないか。いわばイギリス型の議会政治を真似てもおかしくはない。成熟した政治状況のもとでは、個々の候補者

のカネのかかるシステムをやめて小選挙区制でも充分民意を反映すると思う。日本は議会政治を一歩前へ進めるべきだろう〉

民度が高まるにつれ、政治意識のレベルもあがったので、小選挙区比例代表並立制にしたほうがいい、そのほうが金もかからないし、全体にきれいな選挙区になっていくだろう。日本もすでにそのような段階にきているはずだ、というのが、小選挙区制へと傾いていった政治家たちの共通の理念だった。私は、後藤田をはじめこの法案に賛成していたはずの有力者に話を聞くたびに、彼らの日本社会と日本人についての見方はずいぶん甘いのではないかとの感を受けた。私は小学生のときに、これまで少々習ったローマ字が、場合によっては国語化されるとの噂話に脅えた世代なのだが、この選挙制度の改革は、それにも似た上すべりの軽薄な法案だと思った。

確かに知識人の間には、この法案こそ真の政治改革という風潮が当時あったが、私は疑問に思った。そして結果的に、平成の選挙は衆議院、参議院に限らず、繰り返すたびにこのときに守旧派と批判された人びとの指摘のほうがはるかにあたっていると裏づけられる。小選挙区比例代表並立制には次のような欠陥が明らかになった。あえて箇条書きにして自戒すべきだと思う。

（一）比例代表制で当選する中には、単に名前を貸しただけの者も出てきた。
（二）小選挙区制では、よりドブ板選挙になり、高邁《こうまい》な政治理論上の対立ではなくなっている。
（三）小選挙区で敗れたのに比例代表で復活してくるのは、その資格自体が問題である。
（四）候補者の中には選挙区を渡り歩く者がおり、選挙それ自体が地元とのかかわりを薄れさせている。
（五）候補者の選定にあたって党指導部の権限が強まり、有為な人材が出ない仕組みになっている。
（六）小政党は実質的に活動の場がなくなり、議員を生みだす力を失っていく。
（七）陣笠議員の知的劣化が急速に進み、政策の無知、傲岸不遜な政治態度の議員が、一時的なブームに乗って出てくる場合、ほとんど与党の集票に駆りだされている。

これらの七点を克明に指摘しておくべきだが、平成六年以降の政治状態は、国民の知的関心のレベルよりはるかに低い政治家が生みだされてきたということだろう。日本の政治はどこに行くのか、平成という時代になっての不満は、平成五年、六年の昭和政治の裏切りの中に凝縮しているというべきであろう。

大正と昭和の因果関係

平成という時代のもっとも特徴ある語として、私が提唱したいのが、「災害史観」という語である。災害史観とは、災害によって起こる社会現象や人心の変化や推移をふまえた歴史の見方である。平成という時代には二つの大きな災害があったのだが、これらの災害によって私たちは、新たに確認すべきことが多いように思う。まず二つの大きな災害とは、平成七年（一九九五）一月十七日に発生した阪神・淡路大震災、そしてかつてないほど大きな地震に脅えた日本人に、さらに追い打ちをかけたのが平成二十三年（二〇一一）三月十一日に起こった東日本大震災である。

この二つの地震災害によって、日本人は改めて災害という恐怖の代名詞と向きあうことになる。この史観によって、平成という時代の解明は手がかりをつかんだことになる。平成という時代の人心の動きがわかってきたともいえる。

それはどういうことか。大正十二年（一九二三）九月一日の関東大震災を思い起こせばすぐにわかるはずである。関東大震災は、神奈川、東京を中心に茨城県から静岡県までの範囲に被害は広がった。マグニチュード七・九で、横浜、東京はとくに大きな被害を受けた。関東大震災によって、それからの日本の歴史（大正と昭和初期になるのだが）はまた揺らぐことになった。これまでの私たちの歴史理解では、この関東大震災そのものの被害を見つめるのみで、大正末期から昭和初期の動きとの関連については検証を深めなかった。

いわば関東大震災を因として、果となった歴史的事実について深い検証はしてこなかった。実はここに誤りがあったのではなかったか。大正と昭和の因果関係を見逃してしまったのである。しかし大正末期から始まった東京・銀座などを徘徊するモボ・モガの先端的な文化、さらにはカフェーに代表されるエログロナンセンス、はては昭和に入って軍部が一方的に侵略行為にでていくそのプロセスすべてに、関東大震災の後遺症がからんでいるのではないだろうか。そのような視点を、私たちはもつべきではないかと思うのだ。それを評して「災害史観」と名づけるべきだ、と私は考えている。さしあたり三点を指摘しよう。

（一）形あるものは壊れるという絶望感

（二）朝鮮人、中国人虐殺に見られる非人間性
（三）死へと直線的にむかう虚無感

この三点がいわば災害史観の骨格である。（一）についていえば、作家の正宗白鳥、田山花袋、佐藤春夫などが震災後に書いている一文の中によくあらわれている。たとえば正宗白鳥が、『婦人公論』（大正十二年十月号）に寄せている「文明の力の薄弱さ」では、「数分間の大地の震動のために、文化的設備がすべて壊されて、汽車も不通、電信電話も不通、電灯も点《つ》かなくなつたことを思ふと、人間が何千年で築いた文明の力の薄弱なことがつく〴〵感ぜられました」と書かれている。形あるものはいつか壊れる、永久不変などというのはありえないとの実感である。

この絶望感は、大正末期から昭和初期にかけてどのようにあらわれたか。刹那《せつな》的な感情が一斉に社会に、そして個々人にあらわれたといえるだろう。それが前述のようにエログロナンセンスや、昭和七、八年に東京音頭が爆発的に流行していった面にもあらわれている。昭和二年から三年の銀行倒産、預金の引きだしが全国に瞬く間に広がっていく一連の動きも、形あるものを失うまいとする庶民の精神的な焦りのあらわれといえるのではない

か。

形あるものが崩れる、という虚しさの中で、昭和の人びと（とくに東京、横浜に住む人びとの感情ということになるが）は、何を信頼すべきか、何を失ってもかまわないかの判断基準を失い、コントロール不能の感情をもつに至ったように思うのだ。

そして（二）である。いうまでもなくこれらの虐殺行為は瞬く間に国の内外に知れ渡った。日本人の残酷さを示すものとして、一部は写真も海外に流れていった。海外では震災直後は「日本を救え」の合言葉のもと救援物資もぞくぞくと日本に送ってきたが、しかし虐殺行為が明らかになると、それらの救援物資はたちまちのうちに止まった。日本人の残虐さが知れ渡るようになったためである。

こうした虐殺行為は昭和に入ってからの満州事変、日中戦争と続く戦場での非人間的行為につながっている。このかかわりに対する認識がこれまでは不充分であったが、大正・昭和と平成を比べたときに明確な形で浮かびあがってくるように思うのだ。
（三）は虚無感の噴出である。昭和に入ってテロが続き、昭和八年ごろになると自殺や心中がブームのようになっていく。伊豆大島・三原山の噴火口に飛びこむ青年男女の自殺は、この虚無感のなせるわざであり、関東大震災以後に続いているこの感情は、昭和にあっては〈死〉を招きよせる役を果たしたのではないかと、私には思えるのだ。昭和初年代の死の影は、意外に関東大震災の被災者とのかかわりがあるのではないかと思われるほどだ。私は関東大震災を軸にした災害史観は、昭和前期を形づくる役目を果たしていると思う。

平成の災害史観

では平成にあって、このような災害史観はどのような形で年譜に刻まれているのか、そのことを確認すべきであろう。すぐに幾つかのことがわかってくる。阪神・淡路大震災のほぼ二ヵ月後に、オウム真理教が地下鉄サリン事件を起こしている。これは単なる偶然か。むろんそうではあるまい。

オウム事件は災害史観の結果であり、事件の実行者には阪神・淡路大震災とどのような形であれ、心理的動揺の結びつきがあるように思う。

平成二十三年三月十一日に起こった東日本大震災は二つの面から成り立っている。ひとつは天災であり、強度の地震と津波である。もうひとつは人災であり、東京電力福島第一原子力発電所の爆発事故である。この天災と人災を組みあわせた大震災により、私たちはそれ以後、多くの災害史観の影響ともいうべき史実を生みだしているように思う。実は平成という時代の末期は、この災害史観によって生みだされる現実にふり回されているのではないか。

たとえば安倍内閣は、これまでの内閣に比べて明らかにさまざまな面で劣っている。まず立法府の軽視、戦後民主主義の否定、ほとんど成り立たない論理の歪み、あるいは人心をとげとげしくしている言動などの点でマイナスの側面を指摘することが可能だ。現在、東日本大震災から八年を経ている。一見して現在の史実はこの災害史観から免れているように思えるのだが、しかし今いちど時間を置いてみてみれば、この史観の怖さに気づかされるのではないだろうか。

あえて平成という時代空間の中で、災害史観の一断面と名づけていいのは、冒頭でも記したように、平成の天皇がビデオメッセージによって「生前譲位」を訴えた事実もあるのではないか。それはあのような災害を踏まえたうえで、私たちは私たちに与えられた職務により、あの災害を克服しようとの生きる姿勢に通じている。

同時にそこには限界があるといっていい。もとより平成の天皇はそのことを特別な言葉で語っていないのだが、私たちはあの天災と人災を前にして、自らの役目を自覚することの大切さを天皇は教えたようにも思える。そしてそのことを「平成の政治」はいささかも汲みとろうとしない点が問題なのである。それも災害史観に謙虚に向きあわない怠慢のゆえにある。平成の政治が劣化する所以である。

第一章

世界史の中の「平成元年」

1989年11月、ベルリンの壁の一部が撤去され通過検問所が開かれたポツダム広場

元号は〝句読点〟

昭和から平成へという時代の代替わりを、今どのような思いで見つめるべきか。このとき、つまり昭和から平成に移行しているときにはまったく考えもつかなかったのだが、その平成が終わりに近づいてくるにつれ、幾つかの思い出が重なりあい、平成への移行期とは緊張した時間が緩んだような、同時に生暖かい風が吹いている空間だったとの感想が湧いてくる。

私自身は昭和が終わり平成に入るとき、五十歳に達する年齢であった。原稿を書く、それも主に近代日本史の分野の作品を著している身にあっては、この代替わりは大きなニュースであった。

実際、昭和と平成をくらべてどのような違いが起こるだろうか、といったテーマの原稿の注文を受けて昭和という時代のもつ諸々の事象の絵解きを試みたりもした。しかし何か空虚であった。平成という時代に、昭和の何が継承されるというのか、昭和のあの戦争はいかに語られるのか、そうした問いに答えるような原稿を書き進めながら、ある心苦しさも感じていた。この心苦しさとは、私の見方があたっているとか、外れているというのではなく、ひとつの時代からひとつの時代へ移る寂寥感ともいえるものであった。要するに時代空間が移りゆく寂しさといってもよかった。

あえて初めに語っておくことにしたいが、昭和、平成というのは元号であり、西暦のように百年を単位とする歴史観とは大きく異なっている。私はこうした元号は文章上の〝句読点〟のようなものではないかと思う。句読点は文章の前段と後段を切り離す役割を果たしたりするが、その前段と後段をつなぐときに起こる諸々の現象、それが昭和と平成の代替わりに起こった事象といってよかった。たとえば昭和六十四年（一九八九）一月七日の昭和天皇の崩御の日、このころ世界史も変わりつつあるときだった。日本が元号を替える日、つまり句読点を打ったころに世界も変わっていく時期にあたった。

昭和天皇の死と冷戦終結

改めて年表をとりだしてみると、昭和六十三年（一九八八）十一月には、アメリカの大統領選挙で共和党のジョージ・ブッシュ候補が当選している。レーガン大統領による東西冷戦の西側陣営の勝利という次の時代を、ブッシュは継いでいくことになった。一方でソ連の東欧支配は平成元年（一九八九）の八月ごろから急激に崩れていった。ソ連を盟主とする社会主義陣営の側がこれほど脆弱《ぜいじゃく》で、東欧圏各国の国民の支持を受けていないことがあからさまになることにむしろ西側のメディアが驚いた、というのが当時の私の受け止め方であった。

昭和天皇の死と、共産主義陣営が崩壊して実質的に東西冷戦が終結をむかえることとの間には何らの相関関係があるわけではない。それはまったくの偶然に起こったことであり、その偶然に私たちは本来驚かなければならなかった。そのことを承知のうえで、それでもなおこだわってみたいのは、歴史には人知を超えた何かが存在するのではないかと思われるからなのだ。

唯物論者も唯心論者もこの偶然を説明することはできないが、歴史はこうした偶然を歴史意思として起こさせているのではないかと思えてくる。

世界史のうえでは、二十世紀の初頭から続いてきた社会主義システムがソ連を初めとする各国の間でそれこそあっという間につぶれてしまった。ソ連に忠誠を誓っていた東欧の指導者の中には、ルーマニアのチャウシェスク大統領夫妻のように銃殺されるシーンがカメラに収められて世界に流れ、メディアがこれまでとはうって変わって崩壊の様相をそのまま映したりするようにもなった。ルーマニアの社会主義体制崩壊以前にポーランドや東ドイツでも共産党の指導者が交代している。

　しかしもっとも衝撃が大きかったのは、この年十一月九日に東ドイツ側からベルリンの壁が崩壊したことだ。私たちはテレビ映像でそのことを確かめることになったが、東西冷戦の象徴であるこの壁を撤去することによって、世界史はさらに強く西側陣営が主導する「自由と民主主義」のスローガンが「社会主義建設」よりもはるかに力をもったことを示した。こういう映像が、昭和天皇の崩御と重なりあったときに、まさに「歴史の意思」という語を誰もが思いだしたに違いなかった。

〈社会主義は人類史にとって輝く本来の松明《たいまつ》の役は果たせなかった〉は常識となり、この思想の終末を日々意識することは、社会主義に幻想を抱いていた人たちにとどめを刺した。私はとうにこの社会主義に幻想を抱いていなかったので、ベルリンの壁が一枚一枚剝がれていくことは、そのぶんだけ自由が保障されていくのだと痛快の思いをもった。

　そういう私の考えと共通の基盤をもつ者は多かったのだろうが、しかしその後の歴史（日本では平成という時代、西暦では一九九〇年代から二十一世紀にかけて）を見ると、社会主義という思想や理念の崩壊によって、人類史はいわば原始的な時代に入っていくことになった。たとえばユーゴスラヴィアは五つの民族が集まってつくった独立国であったが、その民族的対立や宗教上の対立はすべてマルクス・レーニン主義という思想で縛りあげていた。したがって民族や宗教といった人間の地肌による対立は、思想で覆われていたのである。

その思想の縛りが解けると、すぐに民族と宗教の対立が顔をあらわした。その対立のために――驚いたことにというべきであろうが――隣家の者さえ殺害するといった絵図が描かれることになった。

人類は確かにマルクス・レーニン主義という思想を非人間的といって解体するのに成功したが、この思想が隠していた地肌が噴きだしてきて平気で残虐行為に走ることになった。この事実は日本でも悲劇の形で表面化した。オウム真理教事件というのがまさにそれだったのである。このオウム事件は日本社会では気味の悪い宗教がらみの事件といわれたが、しかしその本質は思想の縛りが解けて宗教という人間の地肌が露出したという視点から分析されるべきであった。このことはのちに詳述することにしたい。

ソ連崩壊後のモスクワで見たこと

社会主義体制の国家が、実は偽善でできあがっていたということを、私も平成二年（一九九〇）にモスクワで確かめることになった。この年十一月、私はロシアの東洋アカデミーが所蔵している対日関係の史料が公開されると聞いて、月刊誌の依頼でモスクワに赴いた。通訳は当時ある大学でロシア政治史講師を務めていた中村逸郎氏である（現在は筑波大教授）。中村氏はロシアに七年余も留学しており、ロシア語に熟達していた。私にとってはそれが幸いだった。多くのロシア人と会話を交わすことができたのである。

このころのロシアはマルボロカントリー、つまり入国時などに職員にマルボロ（アメリカの煙草）を渡すと便宜をはかってくれると言われていた。実際に試したが、その効果があったか否かは私には判断がつかない。街でタクシーを止めるのも別にタクシー会社でなくても、職場からの帰りの公務員がときに車を止めてタクシー代わりに私たちを運んでくれる。むろん違法である。しかし給与の遅配、欠配が続いているなかで、彼らはこうして給与の埋め合わせをしているかのようであった。

中村氏と私が止めた車は、四十代の国営企業の技術者だった。国際貿易センターホテルまで帰るというと、ルーブルではなくドルで払えという。中村氏が「ドルはない。円ではどうか」というと、この技術者は「円？　おまえたちはヤポーニッツ（日本人）か。円はレートがわからないからだめだ」と答える。私がドルを持っていたので、ではドルでと話がついて乗った。そして忌憚《きたん》のない会話を交わすことになった。そのときのやりとりは、モスクワに一週間ほど滞在した期間でもっとも忘れられない言となった。

「ゴルバチョフはいったい何を考えているのか。われわれの生活をこわして……。でもゴルバチョフだけを責めるわけにはいかないよ。われわれの生活がこれほど貧しくなったのは、レーニンのせいなんだ。われわれの国が社会主義の道を選択しなかったら、こんな貧しさなんか味わわずに済んだんだ」

夕暮れのモスクワはまるで水墨で描いたような街で、黒と灰色のトーンで覆われている。彼は溜息をつきながら、「二人の子どもを育てるのも大変なんだ」と愚痴を言いながら、レーニンを呪い続けた。

「レーニンはまったくのところ悪魔だよ。おまえたちは十一月にモスクワに来たというのは革命記念日を見に来たんだな。まあいいさ、ゆっくり見ていけ。今年が最後だよ。来年からは間違いなく『悪魔の日』と呼ばれるようになるさ」

中村氏はそんなことを言って大丈夫なのか、と問いただしたらしい。以前ならすぐにKGB（ソ連国家保安委員会）に連行されただろう。「平気さ。皆、こんな話をしているよ」と彼は意に介さない。

私はこの温厚な技術者の表情（彼はときどき後部座席のわれわれの方を向いて、その反応を確かめていた）を見て、これは本音で言っているのだとわかった。レーニンは悪魔だよ、革命記念日なんか悪魔の日だよ、と口走る彼の姿を見て、二十世紀の後半十年はこうしたこれまでの価値観を逆転させるような事態が起こるのかとの実感にとらわれた。

それと同時に、ホテルに戻り部屋で落ち着くと、こんな考えに行き着いた。

〈彼はあんなふうに言っているけれど、昨日までは社会主義建設のためにとか、レーニン、スターリン万歳と叫んでいたのだろう。日本だって昨日まで天皇陛下万歳、聖戦完遂、出てこいニミッツ、マッカーサー、出てくりゃ地獄に逆落とし、などと叫んでいたのに、今日になると民主主義万歳、マッカーサー歓迎と叫ぶのだから……〉

ひとつの体制が崩壊して次の体制にむかうとき、そこに生きた人びとは、言葉が変わったにしてもその性格や思考の方法では変わらないのだと、私は気づいた。

中国の天安門事件は、やはりこのころ（一九八九年）に起こった民主化を求めるデモであった。改革派の胡耀邦元総書記の死を悼むデモが民主化を求めるうねりを呼び、天安門広場には連日百万人もの人びとが集まった。結局、戦車によって弾圧されたが、その後、中国を訪れるたびに、私は後遺症にふれることになった。どのときにも、中国の人びとの心中には民主主義を求める声があることに気づいた。

「昭和」に殉じた者たち

昭和から平成に入っての年譜を見ていて、昭和六十四年・平成元年（一九八九）の大きな出来事は七月の参議院選挙によって与野党が逆転したことだろう。むろんこれは五五年体制下の一時的な現象にすぎなかったのだが、こうした選挙の結果にも天皇の崩御がからむといえるのだろうかとの思いはあった。昭和三十年からの、いうところの五五年体制は、昭和から平成に引き継がれていく。前述したようにこれも細川護煕を代表とする非自民八派が政権の座につき、五五年体制は崩壊した。三十八年ぶりであった。平成五年（一九九三）のことである。つけ加えておけば、昭和の政治はこの年に終わり、これ以後が平成の政治ということになるであろう。

時代に一線をひいたという文脈でいえば、平成元年には美空ひばりの死（六月二十四日）、そして松下幸之助の死（四月二十七日）、手塚治虫の死（二月九日）もあった。三人の死は「昭和」に殉じたといっていいのではないかと思える。

美空ひばりは戦後社会に天才少女歌手としてデビューし、昭和中期（占領期）、昭和後期（独立回復以後）の人びとの心を歌で引っ張ってきた。まるで昭和という時代にしか自らの空間をつくれないかのように考えて、この世から去ったと思えるほどであった。松下幸之助という実業家もまた昭和とともにあったといえるのではないか。水道哲学という独自の企業理念をもち、それを日本から世界へと飛躍させた有能な企業家というだけでは、この実業家の全貌を語ったことにはなるまい。彼らは昭和という時代に生きよと歴史意思に命じられていたのかもしれない。

手塚治虫もまた漫画の中に、あるいはそのストーリーの中に知性を持ちこんだ人物であり、昭和という時代に自らの句読点を打って亡くなったと言っていいだろう。こういう死はまさに歴史の意思として、私たちも時代を見る目をもたなければならないということを教えている。

昭和と平成、それぞれのキーワード

今、改めて〈平成〉は〈昭和〉から何を学びとっているのか、それを整理しておくことにしたい。そのためにある手法を用いて昭和と平成を考えてみる。まずは昭和論なのだが、昭和という時代には三つのキーワードがある。その三つとは次のようなものである。

（一）天皇（戦前の神格化天皇、戦後の人間天皇、あるいは象徴天皇）
（二）戦争（戦前の軍事主導体制、戦後の非軍事体制）
（三）臣民（戦前の一君万民主義下の臣民、戦後の市民的権利をもつ市民）

昭和とはいずれにしてもこの三つのキーワードで語りつくすことができる。「戦後」という語には、この三つの「人間天皇」「非軍事体制」「市民」を仮託することができる。いうまでもなく昭和から平成というときの平成、あるいは元号という〝句読点〟を打ってみて前段と後段の後段を彩っているかどうかは、この三つのイメージが継承されているか否かを確かめる、それが平成論を考えるときの骨格のひとつである。このことを検証していくのが本稿の狙いでもあるのだ。

「人間天皇」「非軍事体制」、そして「市民」というキーワードは引き継がれている。とにかく「今」までは、との意味でいうのだが……。というのも、平成の終わりになって、この三つのキーワードは少しずつ崩れ始めているといっていいのではないか。とくに「非軍事体制」は間違いなく危殆《きたい》に瀕していると断言していいように思う。

では平成の三つのキーワードは何だろうか。むろん昭和からの、とくに「戦後」の良質のキーワードは引き継がれている。これを前提に考えていくことにするが、私は三つのキーワードは次のようなものだと考える。そしてそれぞれのキーワードにはやはり二つの役割が課せられているように思うのである。

（一）天皇（人間天皇と戦争の清算の役）
（二）政治（選挙制度の改革と議員の劣化）
（三）災害（天災と人災）

平成論を展開するときには、新たにこの三つのキーワードを検証する必要がある。すると平成という時代が具体的に浮き彫りになってくる。

天皇が示した自らの役割

天皇は即位後の朝見《ちょうけん》の儀を終えたあとに「おことば」を述べられた。平成元年一月九日のことである。平成の天皇が初めて国民に心境を明かした「おことば」である。その全文は四百字余であるが、あえて引用しておきたい。平成という時代をどのような思いで継いでいくかを明確にしたのであり、ここには代替わりの精神が凝縮されているといっていいからである。

「大行天皇（保阪注・昭和天皇のこと）の崩御は、誠に哀痛の極みでありますが、日本国憲法及び皇室典範の定めるところにより、ここに、皇位を継承しました。

深い悲しみのうちにあって、身に負った大任を思い、心自ら粛然たるを覚えます。

顧みれば、大行天皇には、御在位六十有余年、ひたすら世界の平和と国民の幸福を祈念され、激動の時代にあって、常に国民とともに幾多の苦難を乗り越えられ、今日、我が国は国民生活の安定と繁栄を実現し、平和国家として国際社会に名誉ある地位を占めるに至りました。

ここに、皇位を継承するに当たり、大行天皇の御遺徳に深く思いをいたし、いかなるときも国民とともにあることを念願された御心を心としつつ、皆さんとともに日本国憲法を守り、これに従って責務を果たすことを誓い、国運の一層の進展と世界の平和、人類福祉の増進を切に希望してやみません」（傍点・保阪）

天皇はこの「おことば」の中に、ご自身の天皇としての立場と意思、それに時代と向き合う姿を明確にしている。より具体的に指摘するならば、前述の平成の三つのキーワードについて、天皇の二つの役割を説明しているとも考えられるのである。昭和天皇の遺志を継ぐというのは、「人間天皇」の道を歩むということであり、ここでは触れていないにせよ、「象徴天皇」としての道筋をつけたいとの覚悟が読める。そして戦争の清算（それが追悼と慰霊になるわけだが）をご自身の立場で行うとのメッセージが含まれているように私には思える。

いうまでもなく現在の憲法は、戦争の清算といった精神を含んでいる。昭和という時代を語るときのキーワードにあえて「戦争」といった語を含ませたのだが、この語には戦後は非軍事といった語をかぶせることが可能だ。非軍事は、具体的には現在の憲法を指している。したがって「おことば」の中の傍点の部分は、本来なら「皆さんとともに日本国憲法に従って責務を果たす」でいいことになり、あえて「日本国憲法を守り、これに従って」とする必要はないかと思える。

この一節によって実は平成の天皇は、戦争の清算の意味をここに盛りこんだのではなかったか。それが平成のある時期から始まった、海外での激戦地を訪ねての追悼と慰霊の旅になったと考えられる。この追悼と慰霊の旅は、どうあれ「昭和」という時代の戦争を

「平成」という時代にあって解体していく歴史的な意味をもっているように、私には思えてならないのだ。

平成のキーワードとしての「天皇」のあり方は、ここではこうした点のみに限って触れておくが、多くの重要な視点が盛りこまれていることだけは私たちは理解しておかなければならないように思う。

第二章

天皇が築いた国民との回路

2017年11月、天皇、皇后両陛下、沖永良部島の小学校で黒砂糖づくりの授業で児童と交流

天皇が置かれた状況の苛酷さ

平成三十一年（二〇一九）四月三十日・五月一日に行われる天皇の生前譲位は日本社会に改めて、「天皇とはいかなる存在か」、あるいは「国民と天皇との間にはどのような回路を作るべきか」を考える縁になった。ここでは天皇制というシステムの理想的な形を模索するとともに、現在の象徴天皇制の位相を具体的に確認してみたい。

生前譲位の出発点となったビデオメッセージについていえば、この内容は天皇自らがやむにやまれずに生前譲位を訴えたことが軸になっていると考えられてきた。実際、政治の側はそう考えたからこそ有識者会議を開き、ヒアリングを行い、そして恒常的に生前譲位を認めるのでなく、さしあたり今の天皇一代に限っての譲位を認めるという方向でまとまった。このプロセスの中に、現代社会の天皇論の姿が具体的に垣間見られた。いわば近代日本の草創期からの天皇を理想の形とする論も公式の席で明らかにされた。

平成の天皇の意思を受けいれた特例法は皇室典範改正までは踏み込んでいない。もし皇室典範にまで行き着くなら、男系男性天皇という原則が崩れ、女性天皇の容認まで論じられることになりかねない。このときの安倍政権としてはその事態を恐れたと囁かれてきた。

憲法改正を行うとの意思を見ると、この改正には手をつけたくなかったのであろうとの推測も成り立った。こちらを改正すれば、憲法改正時の天皇条項にも影響を与えると考えられたのである。

いずれにしても特例法の制定によって、天皇の生前譲位は実現することになった。

そしてもう一点、このビデオメッセージは重要な点を訴えている。その半ばには次のような思いが語られていた。

「私が天皇の位についてから、ほぼ28年、この間《かん》私は、我が国における多くの喜びの時、また悲しみの時を、人々と共に過ごして来ました。私はこれまで天皇の務めとして、何よりもまず国民の安寧と幸せを祈ることを大切に考えて来ましたが、（中略）天皇が象徴であると共に、国民統合の象徴としての役割を果たすためには、天皇が国民に、天皇という象徴の立場への理解を求めると共に、天皇もまた、自らのありように深く心し、国民に対する理解を深め、常に国民と共にある自覚を自らの内に育てる必要を感じて来ました。こうした意味において、日本の各地、とりわけ遠隔の地や島々への旅も、私は天皇の象徴的行為として、大切なものと感じて来ました」

これは、象徴天皇としての心構えを述べると同時に、そのためにどのようなことを行うべきかを自らに問う心情を明かしている。そのためにこの国のすべての地に足を運び、国民と直接に接し、その心中に耳を傾けることにより、象徴天皇としてスタート地点に立っているというのである。象徴天皇としての役割を果たすのは年齢的に限界があるからこそ生前譲位を、との意味がこもっているのではないかと思われる。

この相関関係に気づいたとき、改めて近代において平成の天皇が置かれた状況の過酷さを思わざるを得ない。明治、大正、昭和の歴代天皇は言うまでもなくそれぞれの形で帝王学を受けている。明治天皇は近代日本を方向づけた山県有朋や伊藤博文らによって現実政治の中で帝王学を学んだ。晩年には、自らのもとに上奏にくる臣下の者がどのような態度をとるか、どういう報告を行うのか、それに対してどのように振る舞うべきかを教えるために皇太子（のちの大正天皇）を傍に佇立させたという。大正天皇は幾人かの専門家による個人教授を受ける一方で、父から直々に帝王学を受けたのである。

大正天皇は体調を崩したので、皇太子（のちの昭和天皇）にご自身で接して何かを伝えることはなかった。摂政という制度そのものが帝王学のような側面もあった。

ただ歴史的にみれば昭和天皇は、大正三年（一九一四）から十年（一九二一）まで、東宮御学問所で本格的な帝王学を学んだ。天皇があるべき姿はどのようなものか、どのような天皇が望ましいかを体系だって学んだのである。その内容には、軍事を率いる大元帥としての立場と国家を政治的に代表する元首という立場の使い分けも学んでいるし、心理面のありようも教えられている。そして天皇という公的な存在とは別に人間的な感情を持つとはどういうことか、どこまで自らの感情を通すことができるかを教えられた。だが、昭和天皇にとってもっとも重要な教えは、皇太子時代のヨーロッパ訪問時にイギリスのジョージ五世から直々に教えられた次の言であった。

「君主は君臨すれども統治せず、という教えに従うといい。直接に前面に出て政治・軍事の差配はするべきではない」

この言は、昭和天皇にとって終生の教えになった。戦後の記者会見で「私は立憲君主制の枠にとどまっていた」と繰り返し、二・二六事件の鎮圧と終戦時のポツダム宣言受諾だけはこの枠を飛び出した行為であると認めたのは、このジョージ五世の言に従ったという意味である。

国民に発した問い

明治、大正、昭和の三代の天皇が受けたそれぞれの帝王学とは異なり、平成の天皇は自らの力で天皇像を確立していかなくてはならなかった。いや、美智子皇后の協力を得て新しい天皇像をつくりあげてきたというべきであった。その自負がビデオメッセージの中に盛りこまれている。同時にこのメッセージは、国民に発した問いでもある。末尾にある「国民の理解を得られることを、切に願っています」という一言はまさにそうした意味である。ここで私たちは、改めて考えてみなければならないことがある。いわばきわめて重大な視点である。

有力新聞社・通信社は天皇についての世論調査を定点観測ふうに行っているが、そうした調査にはある特徴が出ているという。つまり右側に、天皇を神格化した存在に祭り上げ、天皇は何もしなくていい、じっとしていればいいという受け止め方をする人々が存在する。前述の有識者会議でもみられた意見である。かつては七〜八パーセントの割合だったが、今は四〜五パーセントではないかと思われる。一方の左の側には思想的確信派ともいうべき天皇制廃止論者がいる。

この両派を除く九割近くの人は現在の「象徴天皇」のあり方に異論を持っていないのではないか。とくに異論がないということを表立って口にしない、サイレントマジョリティである。しかし両派の人は自らの意見が揺るぎないゆえに声も大きい。そのためにマジョリティが天皇のあり方に意見を発表するのは難しいという状況があった。

このサイレントマジョリティは無言のままで両陛下が行っている象徴天皇制を見守っている。全面的、あるいは部分的に容認しているのである。一六年のビデオメッセージは天皇自身が改めて象徴天皇制のあり方を伝え、そして国民の側はどう考えるかと尋ねたと私は解釈しているのだが、それだけに今度は国民の側から「答え」を返さなくてはいけないと思える。

昭和天皇との間で交わされた伝承

太平洋戦争が終わったとき、平成の天皇は十一歳であった。当時、日光に疎開していた皇太子は学習院初等科の六年生であった。昭和二十年（一九四五）八月十五日の玉音放送は、宿泊先のホテルの特別式で東宮大夫や六人の侍従、傅育官《ふいく》などとともに聞いたとされている。

放送の後、東宮大夫の穂積重遠《しげとお》は、これからは国家再建のために尽くさなければならないと説き、「いたずらに悲嘆にくれることなく、専心ご勉学にはげまれて、きょうの悲壮なご決意を一生お持ち続けになり、明天子におなり遊ばしますように」と述べている。皇太子も八月十五日に作文を書いたと、昭和天皇の侍従次長であった木下道雄は日記に書き残している。この作文の中で、皇太子は「つぎの世を背負って新日本建設に進まなければなりません」と自らの心情を明かしている。

そして父である昭和天皇に日光から八月下旬に手紙を送ったという。その返信として天皇が皇太子に送った一文は、九月九日の日付になっていて、平成になってから天皇のご学友の一人によって、公に知らされることになった。昭和天皇は皇太子に「敗因について一言いはしてくれ」と言い、日本の軍人が「皇国を信じ過ぎて　英米をあなどつたこと」「精神に重きをおきすぎて　科学を忘れたこと」などを理由に挙げている。末尾に「穂積大夫は常識の高い人であるから　わからない所あつたら　きいてくれ」ともあり、前出の穂積の言い分に充分に耳を傾けるように促している。

この昭和天皇から皇太子への手紙は、父親としての感情をそのまま表していて、皇太子もまた素直な気持ちで受け入れたのではないかと思われる。「戦争をつづければ　三種神器を守ることも出来ず　国民をも殺さなければならなくなつたので」と天皇は書いている。

ここに二人の間で交わされた伝承ともいうべき意味があった。皇太子は戦争の悲惨さや残酷な現実をすべて知っている世代ではないとはいえ、自らが天皇としてこういった人類の罪を具体的に知ったがゆえに、他の同年代の者よりも優れた感性を身につけたことにもなった。戦争が、天皇の志に反するにしても、現実にはその悲惨さと向き合わなければならない立場だということを理解したというべきであろう。

「軍人がバッコして大局を考えず」

昭和天皇は、戦争といった国策は選択すべきではない、それは天皇という制度を支えてくれる国民から信頼を失ってしまうことになりかねない、とも遠回しに述べている。現実に歴史を振り返れば、君主制は戦争によって崩壊していくことが裏づけられる。ヨーロッパでは、二十世紀が明けたときに共和制を採っている国は、フランスとスイスだけだったが、第一次大戦が終わるとオーストリア・ハンガリー帝国、オスマントルコ帝国、ロシア帝国などが解体していき、新しい国家が次々と誕生しても君主制は採らなくなっていったのである。

昭和天皇がこうした歴史の動きをつぶさに検証したわけではないだろうが、戦争や革命に、天皇制の危機を覚えたことは間違いない。太平洋戦争時にあっても天皇の言動にはそのことが窺われた。このことをもうひとつ別の視点から語っておくことも必要である。

このところ私もしばしば指摘しているのだが、近代の天皇は在位期間にどのような考えを持っているだろうか、ということである。結局、どの天皇も皇統を守ることが目的であった。皇統を守り、その立場を次の時代にとつなげていくときに、どんな手段をとるかは重要な意味をもった。この目的を達成するために祈りや儀式、さらには勅語などで、文化や伝統の守護者であることを明確にしての手段があるはずであった。近代の天皇の国事行為はそうした手段のひとつと考えられた。

さらにこの手段のひとつに戦争があった。日本の軍人は、戦争によって支配権を拡大し、そして富の収奪を行って自己の利益を肥大化させていく道があると信じた。日本の軍人は、こうした領土拡大や戦争の後の賠償金の取り立てで、自らの武勲を国家の利益と合致させていく。その行き着くところは、名誉軍人としての各種の勲章を受け取るために戦争を待望する、ということに直結していく。

昭和十年代、軍事指導者は戦争への道をまっしぐらに進んだ。それ自体が国へ奉公することだと信じていたからである。前述の昭和天皇から皇太子への手紙の中には「あたかも第一次世界大戦の独国の如く　軍人がバツコして大局を考へず　進むを知つて　退くことを知らなかつたからです」との一節もあるが、まさに昭和十年代の軍事指導者たちの姿がそこに凝縮していたのである。

軍事指導者たちが「バッコして大局を考えず」の意は、彼らは戦争しか考えておらず、それ以外のことにはまったく無知、あるいは目もくれない単純さを持っていたということだ。そのことが昭和天皇から平成の天皇にと伝承されていったと見ていいであろう。そして、「大局を考えず」の軍人により、あれだけの悲惨な戦争となってしまった。

海外への追悼と慰霊の旅

改めて昭和十年代の戦争を整理しておくと、そこには重大な二つの誤謬《ごびゅう》が隠されている。天皇と国民の関係が円満にいかなかった理由といってもよかった。第一は、前述のように軍事指導者は半ば威圧的に「戦争の選択」を迫った。そのときに「ここで戦争をしなければ、国家は滅亡する。そうすると天皇というシステムもなくなってしまう」と天皇に脅しをかけたと見ることができる。ところが天皇は戦争にはそう簡単に応じない。何度も「本当に大丈夫なのか」と問うているし、ときには激高にも似た口調で戦争への消極的な姿勢を見せている。

しかし結局、天皇は戦争という手段を選択したこと、これが誤謬の第一である。

では、第二はどうなっているかと比べてみると、それなりの答えは出てくる。天皇と国民との間に軍事指導者たちが入り込み、国民の声をすべて軍内の規範で統一しようと図った。天皇は軍内では神格化された存在の大元帥であったが、国民との関係では必ずしもそうではなかった。この国の元首、つまり主権者だったからである。国民との間では、軍のように大元帥として神格化してはいなかったのである。そこに軍事指導者が入り込み、国民を特攻や玉砕に象徴される戦いの「戦備」のように変えてしまったというべきだった。

この二つの事実は、平成の天皇にとってきわめて重い問いとなったように思われる。戦争そのものを根本から否定するには、この二つの問いに謙虚に答えていくことであった。それなしでは、天皇と国民との間に強い絆ができるわけはなかった。そのことを平成の天皇ご自身が考えられたのではないだろうか。

平成の天皇が皇后を伴い、追悼と慰霊を繰り返すようになったのは、とくに海外に赴いての追悼と慰霊の旅は、平成十七年（二〇〇五）六月から始まり、ここ数年はパラオ島、フィリピンなど敵味方の区別なく力を入れてきた。

これは何を物語るのか。天皇と皇后は戦争の悲惨さを十歳、十一歳の時に体験している。この年代の人たちがそうであったように、戦時に成人前だった世代として、戦争に対して神経質な受け止め方をしているると見るべきであろう。戦争とは単に人の生死の問題ではなく、政治的体制がファシズムであり、常にそこには人間の抑圧があり、一様に暗い表情になっている人間の姿がある。天皇と皇后は、この抑圧時の表情をことのほか嫌っているように思える。だから天災の場合の慰問の旅はどの地にあっても被災者に寄り添う形に徹している。

そのことは、戦争での死者に対しては常に碑に寄り添い、その碑の前で何分も頭を垂れることを意味する。その姿は死者に向かって話しかけているようにも見えるし、何か対話を試みているような重々しさが感じられる。その姿の中に、実は軍事指導者たちの罪の深さが凝縮しているというふうにも理解できる。

戦争からそれこそ七十年以上が過ぎ、戦争の記憶は社会からも消えていくのに、天皇は皇后を伴い、それに逆行するように、むしろ晩年になってから、より激戦地に赴いて追悼と慰霊を繰り返した。あえていえば両陛下はこの追悼と慰霊はもともと生き残った兵士たちに、あるいは銃後で育った次の世代に天皇としての責務を果たしているのではないか。無言で国民に語りかけているのではないかと感じればこそ、天皇と皇后の強い意志を汲みとるべきではないかと私には思えるのである。

結論めいた言い方になるが、次の天皇、皇后がどのような天皇像をつくっていこうとしているのか、あるいは平成の天皇のどのような部分を引き継ぐのか、さまざまな論が交わされている。もとより皇太子が即位されてから独自に天皇像をつくっていくのだろうが、それは平成の天皇のどのような部分を継承するのかが試されている。

平成からの託言

毎年八月十五日の戦没者追悼の折に、天皇によって発せられる「おことば」も戦後五十年、六十年、そして七十年といった節目に少しずつ異なった表現を用いて国民に太平洋戦争を忘れてはいけない、戦争体験の記録は正しく継承されなければならないと繰り返し語っているように思える。このような役割を天皇、皇后は担っていると考えたとき、すでに過ぎ去った太平洋戦争と見るのではなく、常にこうした戦争は記録と記憶を伴うことによって、「抑止力」になるはずである。天皇と皇后はその役を果たしているのではないか。

天皇と皇后が、平成という時代空間にあって、かつて軍事によって命を失った人たち、被害を受けた人たちに対して、万感の思いをもって慰めを続けている間、日本はやはり戦争によって傷つく人々が皆無であったという現実を喜ぶべきであろう。天皇がご自身の誕生日のときにそう口にされている。平成とはひとまずそんな時代空間であったことは特筆すべきだろう。そして、この皇統が末永く維持されることこそ、平成からの託言だということを理解していいのではないだろうか。

そう理解することで、私たちは天皇の在位の目的をもっとも阻害する戦争についての考えを持つことができる。いかなることがあっても、「手段」に戦争を選ぶようなことがあってはいけないとの確認を常に歴史の中に埋めこんでおかなくてはならないと思うのである。

天皇は、かつて二〇一三年十二月二十三日に迎える八十歳の誕生日を前にしての記者会見で次のような感想を述べた。

「戦後、連合国軍の占領下にあった日本は、平和と民主主義を、守るべき大切なものとして、日本国憲法を作り、様々な改革を行って、今日の日本を築きました。戦争で荒廃した国土を立て直し、かつ、改善していくために当時の我が国の人々の払った努力に対し、深い感謝の気持ちを抱いています」

戦争で犠牲になった人を悼むのと同じほど、希望を共にした同時代人に畏敬の念を持っていることを示されている。これもなお重要なことであった。

継承に向けた準備

平成二十九年（二〇一七）十二月二十三日に、天皇陛下は八十四歳の誕生日を迎えられた。それを機に恒例の宮内記者会との記者会見を行った。退位日が決定してから初めての会見とあって、どのような感想をおことばにされるのか注目されたが、その内容はきわめて抑制された落ち着いた内容であった。

宮内記者会からの質問は一問で、今年も国内外で多くのお務めを果たされたが、加えて特例法の制定もあり、「この一年を振り返りながら、退位の日までのお過ごしについてのお考えをお聞かせください」といった内容である。

これに対して、天皇はさまざまな視点からお答えになるという形を採った。その回答は次のような流れに沿っていた。

〈二月から三月にかけて皇后と共にベトナムを訪れたこと（①）、七月の九州豪雨など自然災害の被害を受けた人々へのお見舞い（②）、宗像・沖ノ島と関連の遺産群がユネスコの世界遺産に登録されたこと（③）、埼玉県日高市にある高麗神社を参拝したこと（④）、初孫のご結婚（⑤）、譲位についての謝礼（⑥）〉といった流れである。二〇一七年のご自身の体験を、あるいは社会の動きを客観的に述べられたわけだが、ここにはある意味で無私という感慨さえ見られる。ご自身の誕生日にあまり私的の感情を出すまいとしているようにも見受けられる内容であった。

とはいえ全体に窺えるのは、前年八月にビデオメッセージで発せられたご自身の考えが随所に見えることだった。たとえばビデオメッセージは、国民に寄り添ってその声を聞くと同時に、天皇ご夫妻が目指している象徴天皇、人間天皇といった姿を国民に理解してもらうとの基本的な考えがあったが、この八十四歳の誕生日の記者会見の内容もそれに充分応えるものであった。いわば天皇と国民との間に回路を求めるというのが時代の宿命であるとすれば、天皇はその意思を国民に示したということもできた。それはこの記者会見の最後の部分に凝縮していたのである。

「この度、再来年四月末に期日が決定した私の譲位については、これまで多くの人々が各々の立場で考え、努力してきてくれたことを、心から感謝しています。残された日々、象徴としての務めを果たしながら、次の時代への継承に向けた準備を、関係する人々と共に行っていきたいと思います」

これまでと同様に、「象徴天皇としての務め」を果たすことを約束しつつ、次の時代（つまり皇太子が即位してからの時代）への「継承に向けた準備」を進めていきたいとさりげなく伝えている。誕生日の記者会見では、この二つが前面に出てご自身のおことばで強調されるのではなかったかと予想もされていたが、結果的にこの二つは最終部分でさりげなく語られたところに意義があった。つまり天皇は、まだ一年四ヵ月近くあるその在任期間を総括するのではなく、ご自身の気持ちの一端を述べたというのが記者会見の内容だったと思われる。

元残留日本兵家族との会見

同時に前述のように記者会見の内容を分析していくとわかるのだが、〈戦争〉と〈災害〉には特別に心を痛めている。国民に多くの災いをもたらすからであり、その苦しみはまた象徴天皇としての苦しみでもあるとの構図が浮かんでくる。〈戦争〉については、平成二十九年（二〇一七）二月から三月にかけてベトナムを訪問したことを話されている。ベトナムへは、天皇、皇后にとっては初めての旅でもあった。そして、これまで知られていなかったことを改めて学んだとの意味のおことばも述べられた。

ベトナムにあっても太平洋戦争直後に、多くの日本兵士が現地に残り、ベトナム独立戦争に参加して戦った。そういう日本兵がベトナム人女性と結婚し、家庭をもった。子どもたちも生まれた。そのような家族たちとも、天皇、皇后はお会いになっている。そして次のように話されている。

「こうした日本兵たちは、ベトナムの独立後、勧告により帰国を余儀なくされ、残されたベトナム人の家族は、幾多の苦労を重ねました。そうした中、これらベトナム人の家族と、帰国した元残留日本兵たちが、その後日本で築いた幾組かの家族との間に、理解ある交流が長く続いてきていることを聞き、深く感慨を覚えました」

ベトナムに限らず日本兵たちが、インドネシア、ビルマ（ミャンマー）をはじめとして東南アジア各地に残ってその国の独立運動に力を貸したケースは少なくない。ベトナムでも千人単位の日本兵が残留したにもかかわらず、その全容は明らかになっていない。むろんインドネシア、ビルマを初めとして、他の国においてもそうである。

歴史をふり返ると、残留日本兵の存在は、私たちに多くのことを示唆している。一例を挙げることになるのだが、こういう残留日本兵が存在するために辛うじて、私たちの国は太平洋戦争により東南アジアの国々に貢献したと言いうる。ところが日本国内では、こうした日本兵は往々にして敵前逃亡扱いを受けていて、戦死扱いとされて戸籍を復活させるのに多くの時間と苦労がかかった。つまり、国はこうした元日本兵になんとも無慈悲な扱いを続けてきたのである。それどころか、ときに犯罪者扱いをすることもあった。

もとより天皇の記者会見は、そうした構図を話されているわけではない。そういった政治状況について、天皇は触れることはできない。しかし天皇のこうした会見内容を通して、私たちは改めて歴史的想像力を持たなければならない。現在に至るも、天皇が戦争を心の痛みとし、そのことを具体的に語るとき、私たちはあの戦争が持っている多くの教訓を汲みとる力が試されているとの自覚が必要ではないだろうか。そういう示唆を与えられる機会が少なくなった今、私たちの国が戦争の時代をどのように受け止めているか、それが問われているともいえるのではないか、と思えてならないのである。

代替わりによってこの受け止め方が、次の天皇によりどのように示されるか、その点を私たちは見守りたい。むろん戦争体験がない天皇と、そして皇后の存在は日本の国のありように新しい視点を示すことになるのであろう。

象徴天皇としての務め

そして、平成という時代には〈災害〉も考えなければならないテーマであった。天皇はこのことに心を痛めているという段階にとどまらず、その被害にも負けずに復興に取り組む国民のエネルギーに素朴に感銘を受けている旨の内容を話されている。「今年も残念なことに、幾つもの自然災害が起こりました」といい、その実態を語られた。

初めに前述の枠組みでいえば、②の部分である。九州北部の豪雨の被害を受けた地域に十月から入られたと言われ、福岡県朝倉市、大分県日田市、そして十一月には火山噴火の被害の人びとを見舞われた体験を話されている。鹿児島県屋久島の西十二キロにある口《くちの》永良部《えらぶ》島の人たちが、全島避難で、屋久島にひとまず生活を移したのだが、そのことについて次のように語られた。

「噴火に先立ち避難訓練を行っていたこともあって、幸い速やかに全島民が無事に屋久島に避難したと聞きました。屋久島の人々の助けを得て避難生活を送り、今は多くの人が口永良部島に戻り、復興に取り組みながら元の生活に戻りつつあることを、うれしく思います」

さらに十一月には、屋久島訪問に続けて沖永良部島と与論島を初めて訪問し、それぞれの地域の伝統と自然環境を生かした生活に「頼もしく思いました」との内容も話されている。

〈戦争〉と〈災害〉の二つに関しては、天皇はその被害のあるところはどのような地にも、たとえ人口が少ない地でも訪れ、日本という共同体の一員として、また、象徴天皇としての務めは健康の許す限り、その慰め、その追悼を繰り返す、とのお気持ちを改めて明らかにしているといってもよかった。

韓国とのゆかり

さらに宗像と沖ノ島の遺産群がユネスコの世界遺産に選ばれたことを喜ぶとの話の後に、宗像大社を参拝したときのことに触れている。そして次のようにお話を続けている。

「四世紀から九世紀にかけて沖ノ島に奉献された宝物《ほうもつ》を見ました。沖ノ島は、我が国と朝鮮半島との間に位置し、航海の安全と交流の成就を祈る祭祀がそこで行われ、これらの宝物は、その際に奉献されたとのことでした。また、それに先立つ九月に埼玉県日高市にある高麗神社を参拝しました。今から約千三百年前に、高句麗からの渡来人がこの地に住み、建てられた神社です。多くの人に迎えられ、我が国と東アジアとの長い交流の歴史に思いを致しました」

ここでは朝鮮半島を含めて、日本は東アジアの国々と交流を重ねてきたことが明らかにされている。二〇〇一年の誕生日の記者会見の折に、韓国との歴史交流の長さについて触れたことがある。明治四十三年（一九一〇）の韓国併合を含ませて次のように語られた。

「私自身としては、桓武天皇の生母が百済の武寧王の子孫であると、続日本紀に記されていることに、韓国とのゆかりを感じています。武寧王は日本との関係が深く、この時以来、日本に五経博士が代々招へいされるようになりました。また、武寧王の子、聖明王は、日本に仏教を伝えたことで知られております。

しかし、残念なことに、韓国との交流は、このような交流ばかりではありませんでした。このことを、私どもは忘れてはならないと思います」

歴史的な目配りがきわめて英邁にされているのではないだろうか。

歴史に向きあう姿勢

〈戦争〉〈災害〉、そして〈歴史〉が、この記者会見の背景にある。象徴天皇とは、この三つのキーワードを中心につくりあげていくとの意味のようにも、私には思えた。さらに言えば、この三つのキーワードはむろん相互に関連を持っているのは事実であり、〈戦争〉と〈歴史〉の関係にしても、過去の戦争を充分に検証せずには〈歴史〉を語れないとの意味であろうし、〈災害〉にしても先達たちの知恵をどのように生かすか、さらには共同体の助け合いによって、防げる部分は防ぐ方向に、というのが天皇の率直な感想だということがわかってくる。

日中戦争、太平洋戦争、それに韓国への植民地支配にしても、天皇に特別の責任があるわけではない。考え方によってはそういう〈戦争〉や〈歴史〉に触れなくてもいいとの論がたしかにこの社会の底流には流れている。しかし、あえて天皇が触れ続けるのはなぜだろうか。あるいは〈災害〉のないときの日本は、天皇も指摘しているように、「我が国は豊かな自然に恵まれています」との表現で語られてもいる。災害時の人々の助け合いがどれほど大切かも、天皇は強調されている。このような側面についても触れているのはなぜだろうか。こうした素朴な疑問に対して、天皇、皇后が平成という時代空間の中でいかに真剣に歴史に向き合ってきたか、という姿勢が窺えるというだけでは、その答えは充分ではないのではないか。

天皇と皇后の一連のおことばや歴史に向きあう姿勢は、実は皇室が代々受け継ぎ、そして守り、発展させていくとの歴史意思を含んでいるのではないか。いや、皇室とはそのような歴史を積み重ねてきた、といっているように私には思える。そのことを私たちは汲みとっていく必要があるのではないだろうか、と私は思うのだ。

二〇一六年八月のビデオメッセージに再度ふれるが、これまで何度か繰り返してきたように、単に生前譲位を訴えたのではなく、平成という時代の天皇と国民の間の回路、あるいは絆をいかにつくりあげていくか、それを歴史上に正確に刻んでいこうとの意味を含んでいると考えるべきではないか、と私は考えている。戦後七十年余りの戦後民主主義の時代にあって、私たちは今初めて日本独自の天皇制のあり方をつくりあげているのではないか、との自覚を持つ必要があるだろう。

第三章
政治はなぜ劣化したか

1994年1月、政治改革法案の修正合意後、細川護熙首相から握手を求められる新生党の小沢代表幹事（左から2人目）

小選挙区制導入がもたらしたもの

平成のキーワードにあえて「政治」を選ぶのは、昭和と平成の政治は平成六年（一九九四）を境にまったく様相を異にすることになったからだ。この年三月四日に参議院本会議で、衆議院の小選挙区比例代表並立制導入の政治改革関連四法案が成立している。大正十四年（一九二五）に採用されてから、一時期を除いて続いてきた中選挙区制という選挙制度は、この法案によって小選挙区制になることが決まった。いわば画期的な変化であった。

この小選挙区制には、二大政党対立という図式をつくり、政権交代を容易にすることによりチェック・アンド・バランスを働かせようとの狙いがあった。細川内閣がこの法案を衆議院本会議に提出し、可決されたのは平成五年（一九九三）十一月十八日であった。リクルート汚職事件などに触発される形で、野党がチェックすることにより新たに与党の政治責任を追及するのが本旨とされていた。

もともと小選挙区制は日本の政治風土には合わないというので五五年体制ではまったく無視されていた。いってみればイギリス式の議会政治の風土には、日本は達していないというのであった。それなのにこの制度の導入を図ったのは、日本の政治風土も熟してきているとの判断があった。

しかし小選挙区制だけでは少数政党の声が充分に議会に反映しないというので、比例代表並立制を導入することにより少数政党にも活路を開くとの答弁が繰り返され、世論もしだいにこの選挙区制に対する批判を抑えることになった。

加えてこの非自民八派の連立政権内部の実力者であった小沢一郎が、法案成立のために強力な広報活動を行った。私の記憶になるのだが、このときに「この法案に反対するのは守旧派だ」というレッテル貼りが進み、全体に「反対」の声をあげる人びとは、まるで政治的妨害者のように誇られることにもなった。

当時のメディアでは、この法案に反対する者は遅れてきた守旧派の人物とか、はては自らの権益しか考えていない「公思想の欠如した人」とまで罵倒された。本来ならこの選挙法にもっと冷静に日本社会が向き合って検討するのが最善の策だったはずだ。しかしそういう言論はまったく相手にされずに偏った議論が盛んだった。

私は、法案の上程、可決の日程が噂されていたころに、たとえば自民党の副総裁であった後藤田正晴や、新生党の代表幹事だった小沢一郎などに会って話を聞いた。後藤田も、日本の政治風土はすでにレベルが高くなっている、つまり義理人情などで動かない時代に入っている、とあっさり答える。このころは派閥も目立った動きはしない時代だったから、法案そのものの危険性はまったく顧みられなかった。小沢はとにかく、これで政治風土は日本も先進国並み、それがわからない世論などはもう相手にする必要はないとの立場だったことを今も記憶している。

もしあのときに守旧派というレッテルを貼らずに、政治家や財界人の発言を封じる風潮が弱まっていったなら、平成の日本政治はこのような形にならなかったはずである。ひとたびタガが外れると、国内政治は次から次へと劣化の方向へ進んでいくことがこの選挙制度によって示されることになった。とくに小選挙区制で敗れたとしても、比例代表制で復活するというのでは、まるで八百長まがいの選挙制度と化したといってよかった。

政治の劣化を示す予兆

平成の年表を眺めてみると、平成八年（一九九六）十月二十日にこの選挙制度にもとづく選挙が初めて行われた。小選挙区制による当選者三〇〇人、比例代表制二〇〇人という議席数（中選挙区のときは定数五一一人）に減ったのだが、この選挙は幾つかの特徴を生んだ。これらは平成における政治の劣化を示す予兆であったと解することができた。このときの特徴がその劣化につながっていったように思われる。次のようなものである。

（一）小選挙区の投票率は五九・六五％で、戦後の総選挙で初めて六〇％を切っている。

（二）政権与党であった自民党、社会民主党（旧社会党）、それにさきがけの議席数に変化があった。

（三）野党勢力は自民党の脱党者を中心とした新進党で選挙前より議席を減らした。

（四）選挙直前に結成された民主党は社会党と自民党の連立政権時の議員であったが、こちらは現状維持にとどまった。

こうした特徴を見ていくと、すぐに幾つかのことが指摘できる。私なりの見方になるのだが、平成の政治については序章でもふれたが、東西冷戦の終結という歴史的経緯を経て、思想の対立といった軸を失った結果になるといってもよかった。代議士、政治家になる、というのは思想と志の二面をもっていなければならないはずなのに、それを必要としなくなった。かわって要求されるようになった条件は、テレビなどでの知名度に頼るか、学生時代からよく勉強して名の通った大学に入り、官僚とか有名企業に入って何年か現実を学び、政治家に転向していく道である。

この小選挙区制はそのような候補者が、たとえば自民党の公認をもらい当選してくるという形になった。思想と志は、代議士の両輪のはずなのに、実際にはこの二つはつけ足しになっていった。同時に自民党と社民党が連立を組むことにより、結果的に社民党はこのときの選挙で議席数を減らし、やがて解体していくのは社会主義体制の崩壊という現実のもとでどのような思想を身につけるかがよく理解されていなかったこと、つまり思想的な方向に何を据えるのかつかめなかったためである。

私は社民党から次々と代議士が抜けて、最後に現状のように一人か二人しか議席をもてないという現実を見て、逆の意味でこの国は「思想をもって政治を進める者は敗北者になり、日常の生活次元の利害関係に長《た》けている者が勝利者になる」との格言ができるのではないかと思われた。

「村山談話」の歴史的意味

昭和から平成に移っていくときに、改めて問われたのは歴史観であった。五五年体制を崩壊せしめた非自民政権下にあって細川護熙首相は記者会見（平成五年［一九九三］八月十日）で、「先の戦争は日本による侵略戦争である」と明言した。さらに八月十五日の戦没者追悼式では、日本の侵略戦争によりアジア各国に多大な迷惑をかけたと述べ、犠牲者に哀悼の意を表している。加えて所信表明演説でも日本による植民地支配や侵略行為に対して謝罪の意思を明確にした。

これほどまでに大日本帝国の過ちを明確に認めた首相は、戦後で初めてのことであり、それ自体が平成の特徴でもあった。これは翌平成六年（一九九四）六月に発足した社会党と自民党、それに新党さきがけの連立政権にも引き継がれ、平成七年八月十五日の戦後五十周年の折の「村山談話」に行き着いている。

この談話はきわめて自省の濃い内容だが、そこにはまず「先の大戦が終わりを告げてから、五十年の歳月が流れました。今、あらためて、あの戦争によって犠牲となられた内外の多くの人々に思いを馳せるとき、万感胸に迫るものがあります」と始まり、今の平和を築くために多くの国々の支援と協力もいただいたと謝辞を述べて次のように謝罪の意思を表している。

「わが国は、遠くない過去の一時期、国策を誤り、戦争への道を歩んで国民を存亡の危機に陥れ、植民地支配と侵略によって、多くの国々、とりわけアジア諸国の人々に対して多大の損害と苦痛を与えました。私は、未来に過ち無からしめんとするが故に、疑うべくもないこの歴史の事実を謙虚に受け止め、ここにあらためて痛切な反省の意を表し、心からのお詫びの気持ちを表明いたします。また、この歴史がもたらした内外すべての犠牲者に深い哀悼の念を捧げます」

この「村山談話」は、歴史的な意味をもっている。とにかく日本は五十年前のあの太平洋戦争について初めて公式に謝罪したからである。むろんかつて日本の「侵略」の犠牲になった国からは、相応の評価と諒解を得たことは事実であり、村山以降の首相も基本的にはこの「村山談話」を引き継ぐことを明言している。

歴史修正主義の跋扈

この談話は、平成という時代を特徴づける出来事だといっていい。どういう意味かというと、平成に入ってからは日本社会に明らかに歴史的に後ろ向きと思える徴候がでていたからだ。いわゆる歴史修正主義といった波である。

この動きに私が気づいたのは、平成七年（一九九五）、まさに戦後五十年のころだった。私は定期的にカルチャーセンターや市民講座で講演を行っている。それは東京だけではなく、札幌や横浜、名古屋などでも機会があるのだが、そうした折に前方の席に座っている青年（質問の仕方やその話し方からみれば教育関係者と思われたのだが）が、講演の後に挙手をして次のような質問を行った。

「一九四一年十二月八日の日本軍の真珠湾攻撃は、日本の奇襲攻撃だ、あるいは侵略だといわれているが、実はこの見解はおかしいのではないか。ルーズヴェルトは日本のそういう攻撃を事前に暗号解読で知っていたわけだし、日本に攻撃を仕掛けるよう仕向けたのではないか。だから奇襲攻撃だという言い方はおかしい」

この意見を耳にした瞬間、私は頭の中がぐるぐると回転したことを覚えている。奇妙な表現になるが、実際にそうだったからだ。それまでこんな質問は歴史に関心をもっている者は決して口にしないものだった。個人的な雑談などでこの種の話をすることはあっても、それは恥ずかしさを伴っているからで、一般の講座ではありえないことだった。私はしばらく息を整えてから、次のような答えを返した。

「あなたはある一方的な見解の書だけを読み、都合のいいように史実を理解している。あなたの読んでいる本（青年はある書名を挙げていた）は第二次世界大戦後にアメリカ国内の民主党と共和党の対立時に共和党派のジャーナリストによって書かれたもので、それはルーズヴェルト攻撃の政治的な書である。それを読んで史実がわかったなどと思わないでほしい。もっとさまざまな書に目を通し、客観的に史実を捉えて判断してほしい」

もとよりこの青年は不満だったろうが、私はこの質問内容について答えるつもりがないことだけを伝えた。しかし不快な感触は拭いきれなかった。この質問以後、私はこの種の質問が意外に多くなっていくのに気づいてますます不快になった。その後、平成九年（一九九七）に「新しい歴史教科書をつくる会」が発足したが、それに賛同する一派がこういう質問を繰り返していることもわかった。ここにきて歴史観をめぐる闘いという時代が、平成の時代の進む様子と重なっていったことが私にもわかってきた。

このグループすべてを歴史修正主義と評するのは確かに一方的だろうが、彼らにはある特徴が宿っているともいえた。それは近代日本史総体を見るのではなく、あるいは歴史をひとつの流れで見るわけでもなく、たとえば「日本は中国を侵略していない」とか、「日本軍は残虐行為を働いていない」といった思いつきや自分たちの自己満足を納得せしめるためのテーマを書いた旗を立てるのである。

そしてその旗のもとに都合のよい史実、あるいは真贋《しんがん》など問うところでない証言をあちこちから集めてきて、「どうだ、侵略でないだろう」とか「日本は悪くない」と見栄を切るのである。この手法を歴史修正主義と私は考えることにした。

もともとこういった類の歴史を政治化する一団は、どこの国にも存在している。もっとも知られているのはヨーロッパの反ユダヤの団体などが「アウシュヴィッツはなかった」などと言いだして、袋叩きにあったのと軌を一にするグループともいえた。

そしてもうひとつ、歴史修正主義者にはある特徴があった。「自虐史観」という語を用いて、歴史を客観的に分析する手法へケチをつけるのだ。史実を丹念に検証したうえで、やはり日本にはあの戦争の時代の行為や思想には反省すべきところがある、などといった結論に達するのは、自虐史観の持ち主ということになる。歴史修正主義者はこうして旗を立てるのと、ある種の史観に難癖をつけることで自らの正当性を主張するわけである。

こうしたグループはこのほかにも「東京裁判史観」（そんな史観が存在するか否かは誰の目にも明らかなのだが）なる用語を駆使して、東京裁判の論理を用いて近代日本史が両断されていると批判している。さしあたりこのようなグループ（「新しい歴史教科書をつくる会」のような組織）が目立ってきたのは、「村山談話」をきっかけとしていたという点では、注目しておく必要がある。

「自虐史観」という言葉

あえてふれておくが、私は平成十八年（二〇〇六）、ある月刊誌に「あやうい保守言論の『内実』」という稿を書いたことがある。この稿はその後、拙著の文庫（『太平洋戦争を読み直す』PHP文庫）に、「『自虐史観』と言われた私」というタイトルで収められている。ここで私は、自虐史観という語を平気で用いる感覚が解せないことについてふれた。

平成の初めごろに、ある大学で教壇に立っていたが、ときどき学生が、「先生の顔がだんだん似てきてますよ」と皮肉まじりにいうのを耳にした。何のことかわからなかったが、ある漫画で私が名指しで批判されているらしく、それも自虐史観と謗ってのことだった。私はこの漫画を目にすることがまったくなかったので、具体的には反論はしないが、学生たちはそこに登場する私の顔が回が進むにつれ、よく似てきていると噂していることがわかった。

この「『自虐史観』と言われた私」の中であえて次のように書いた。前述のように講演などで歴史修正主義派の人たちが、「先生の考えは、自虐史観ですね」と問われた折のことについての記述である。

「私はこうしたタイプの人たちの質問や疑問には、『私は自虐史観ではなく、自省史観の側に立っている。昭和という時代を自省や自戒で見つめ、そこから教訓を引き出し、次代につないでいくという立場だ』と答えることにしている。あるいは、『あなたたちは史実を、政治や思想で割り切ろうとしている。それは〝左翼〟の公式史観と対になっていて、私はなんの関心もない』とはねつける。実際、これが本音なのである」

もとよりこの姿勢で、私は平成という時代を生きてきた。そして現在もこれからもこの姿勢を堅持していこうと思う。

小泉純一郎の論法と発想

平成十三年（二〇〇一）四月に誕生した小泉純一郎内閣は歴代内閣と違ってさまざまな懸案事項をきわめて手際よく進めた。このような首相は久しぶりの登場であった。はっきりいえば、「歯に衣着せず」という態度で問題を個別に分解していくのを得意とする首相は平成では初めてであった。しかもそうしたぶんだけ次のようなことがいえた。

〈問題の本質とかかわりなくすべての現実を自らの論の中にとりこんで、議論を単純化する。プロセスが問題ではなく結論が重要とされた〉

小泉が政治家として身につけているのは、そういう単純さであり、さらには「自民党をぶっ壊す」と豪語して総裁選に臨んだことでもわかるように、戦闘姿勢を露骨にあらわすことであり、そして複雑な論理、たとえばイラク戦争時の自衛隊派遣先に関して、そこが安全か否かを確かめる質問を受けると、「そんなこと私にわかるわけないでしょう」と言ってのけるその不敵さ、などがこの戦後派世代（戦争が終わった後に教育を受けた世代の意味）の政治家、そして首相の特質であった。平成の時代はまったく新しい政治家を生んだ、と小泉を評しても決しておかしくなかった。

逆にいうと小泉の登場は、平成そのものを根本から見直す機会を与えたことになった。小泉は三代にわたる政治家の家系をひいて議員になっている。その意味では、政治家になるべくしてなったということになるのだろう。もともと郵政族だった小泉は、早くから郵政の民営化を唱えていたといわれるが、派閥に属しているとはいえ、党内では孤立しての政治活動を続けていた。それなのに首相になったのは、前任者の森喜朗首相があまりにも評判が悪かったからだ。森は確かに首相としての重みに欠けていたために、とんでもない発言を繰り返したり、財政政策などにも明確な方策が示せず人気がないのも当然であった。その支持率は最終段階では一〇％に満たない状態になった。

森の後継総裁選では、橋本龍太郎、亀井静香、麻生太郎と小泉の四人が立候補している。小泉は党内基盤こそ弱かったものの、国民に向けてのアピールを繰り返したために党外から圧倒的な人気を得て首相になった。こういう党外からの人気の高まりで首相になったのも初めてであった。この余勢を駆って小泉首相は「聖域なき構造改革」を主導している。

小泉が着手したのは、まずは郵政民営化だった。郵政三事業を公社に移行させ、ゆくゆくは民間に任せるという大胆な発想であった。この郵政公社化関連法案を通すことが小泉の郵政政策の要であり、この一点に全力を投入したといってよかった。いわゆる郵政解散後の総選挙で用いた論法は、「関連法案をつぶすというならそれは小泉内閣をつぶすのと同じである。自民党が小泉内閣をつぶすか、小泉が自民党をつぶすかの戦いだ」というものであった。そして「あなた方は郵政事業の民営化に賛成か反対か」と詰め寄った。この論法のみで、小泉は選挙を繰り返したのである。

小泉は四年にわたって内閣を維持したのだが、その根底にあるのは「白か黒か」といった論理を国民に提示したことである。こうした論法や発想は本来的にきわめて危険である。AかBか、といった問いかけはAであれば味方、Bであれば敵といった単純な二元論である。しかもこの二元論は、平時の、いわば民主主義社会の論理とはそれほど馴染んでいるわけではない。
むしろこの論理は「戦時」にもっとも効力を発揮した論理であった。

二元論的な政治指導者

私は小泉の首相在任中に、その論法や発想、あるいは議会答弁は戦時下の首相であった東條英機とよく似ていると説いたことがある。いずれも敵と味方を峻別《しゆんべつ》したうえで、味方と同じ論理でなければすべて敵という考え方であった。こうした論法、トリックは私たちが日常の生活で用いるならば決断力があるとか判断力に秀でていると評されることになるのであろう。しかし国策を論じる場では、これは危険というよりファシズムに近くなるといっていいであろう。

このような体質（つまりすぐにAとかBといった結論を要求する体質だが）は、一九九〇年代半ばから確かに社会的には力をもってきた。いわゆる歴史修正主義者と呼ばれる一団も模倣している。自らに反対する連中を「自虐史観」と謗る風潮である。このような風潮は、実は小泉の二者択一の中にひそんでいたといっていいと思う。

こうした二元論的な政治指導者は外国の政治指導者と対話するのには便利なのであろう。

小泉が、外務省アジア大洋州局長の田中均に「自分は北朝鮮を訪問するつもりがある。それを相手側に伝えていい」と告げたのが平成十四年（二〇〇二）六月ごろだったという。それから三ヵ月後に実際、電撃的な形で北朝鮮を訪問し、北朝鮮の金正日総書記との直接交渉で歴史に残る結果を出している。つまり北朝鮮に日本人拉致を認めさせた。もともとの外交レベルの交渉では、北朝鮮側はこの拉致を認めていなかったという。しかし小泉は、「それでもかまわない。行くつもりはある」と主張し、結局は、日本人を拉致し、五人は生存しているが八人は死亡という答えを引きだしている。もっとも北朝鮮のこの回答は、全容を語ったというには程遠いにせよ、しかし小泉の気迫に相手側は呑まれたという言い方ができるのではないか。

結局五人の生存者は日本に帰ってきたが、これも小泉流の論理の結果かもしれなかった。実際に世論調査でダウンしていた小泉の支持率は、これを機に一気に回復し、新聞社の調査では六〇％を超えるほどになった。

平成中期を動かした小泉の論理は、決して民主主義とはいえなかった。むしろ小泉自身のロジックには危険な側面が幾つもあった。前述のように敵と味方を峻別すること、すぐに敵対勢力とか反対勢力という具合にレッテルを貼ること、そして自民党内でも自らに異論を挟む者には、「選挙で私が勝ったら従ってもらう」といった発言など、その体質はファシズムに近い面がある。しかし同時に、かつての戦争に対しては全面的に非を認め、謝罪の姿勢を明確にすることなどは、歴史と真剣に向きあう真摯《しんし》な姿であり、自らの目的を達成するためには多くの味方をつくろうと説得にあたる姿勢はもっと評価されていいはずであった。

平成の政治家を代表するタイプであることに間違いはないにしても、小泉には戦後日本のさまざまな側面が正直に投影しているといっていいのではないかと思う。

平成の政治家は何を土台に据えているか

平成に入ってからの首相、とくに平成七年（一九九五）を実質的な意味で平成に入ったと仮定して、それ以後の首相を並べてみる。村山の後は橋本龍太郎、小渕恵三、森喜朗、小泉純一郎、安倍晋三、福田康夫、麻生太郎、鳩山由紀夫、菅直人、野田佳彦、そして再び安倍と続いているのだが、このリストを見てすぐに気づくのは次の三点である。

（一）官僚出身者が一人もいない。

（二）二世、三世の政治家が多い。

（三）退陣理由は「挫折」の意味合いが強い。

とくに重要なのは（一）である。平成に入ってからの官僚出身の政治家となれば、平成三年から五年の宮澤喜一だけということになる。ここで私たちは昭和の時代には官僚出身者が中心になって政治を動かしていたのに、平成はまったくそれが消えてしまったことに気づかされる。「官僚の政治」とはいうまでもなく、功罪二つの面をもっている。「功」として指摘できることは、手堅く慎重といった面がすぐに挙げられる。逆に「罪」としては失態を隠す、情報の隠蔽、責任回避などがすぐに思い浮かぶ。

実際に昭和の首相にあっては、佐藤栄作のように沖縄への核持ち込みを隠すといったケースもあり、国民はその態度に不信感を募らせることにもなる。国民にとっての国益が損なわれることになるわけだ。

官僚出身が少なくなったというだけで、平成の首相はすべて「民」の出であり、国民への視線が民主主義的になったかというと必ずしもそうではない。官僚に使われるのに便利な首相であれば、官僚出身よりも始末が悪いことになるではないか。麻生太郎、菅直人、野田佳彦などの首相は、官僚にいいように使われていたのではと思われるほどである。福田康夫のように、首相としての職務の限界と自らの理念との葛藤にけじめをつけて辞職するのが民間出身の首相の特質と思われるのだが、この点に関しては平成の首相にはまだ定まった型があるわけではない。

こうした真価を問うのはこれからであろう。平成という時代に入って、私たちは首相の存在をまだ充分に見定めることができないのは、この時代にふさわしい首相とはどのようなタイプかをつかむことができないためであろう。さしあたり安倍晋三首相が長期政権の座についていることは、この首相のレベルと国民の政治的関心がこの程度にすぎないためだ。そのことをまずは確かめておくことが必要であろう。

前述の三点のうち(二)についていうと、菅と野田を除いては二世、三世の政治家たちである。かつての大日本帝国、新生日本を動かした指導者たちの子孫となるわけだが、彼らは父親や祖父の政治思想、あるいは政治的考えとは異なっているケースが多い。たとえば真からの自由主義者である鳩山由紀夫は、祖父一郎の政治姿勢とは必ずしも一体ではなかった。父や祖父と顔を合わせることになったら、彼らの間で議論が起こるであろう。

こうした関係を見ていくとわかるのだが、昭和という時代に政治家であった人たちと、その系譜を継ぐ者との間には、「自らの先達を否定する」という鉄則があるように思う。たとえば吉田茂には親英米の体質と日本ナショナリズムへの傾倒、それに個人的な能力の高さ、などがすぐに指摘できる。しかしその孫である麻生太郎はそのようなタイプではなく、富裕家の一員としての性格や貴族的民主主義の上面をなぞるだけのタイプに見える。政治家としての器はより小さく、人間としてのスケールも小さくなっているのではないか、と私には思える。

菅直人は市民運動の代表といった形で、政治の世界に入っている。昭和にはなかったタイプである。市民運動そのものの指導者が日本社会のトップリーダーになることによって、やっと市民的権利が確立したともいえるのではないだろうか。しかし市民的リーダーは、日本国を担っていくにしては、まだ力不足を露呈しているとの見方を消すことはできない。

昭和の政治家はいずれにしても「戦争」を体験しているが、それを土台にして自らの政治的立場を構築してきた。しかし平成の政治家は何をもって政治家たりうるのか、その点ははっきりとはわからない。つまり土台にはどのような歴史的体験があるのか、それが曖昧なぶん、平成という時代そのものが何を土台に据えて動かすべきなのかが明らかでないといえる。

この点は改めて平成が終わってからの課題として、私たちは回答を迫られるのかもしれない。平成の総括とはそういうことを含んでいるように思う。

第四章

〈一九九五年〉という転換点

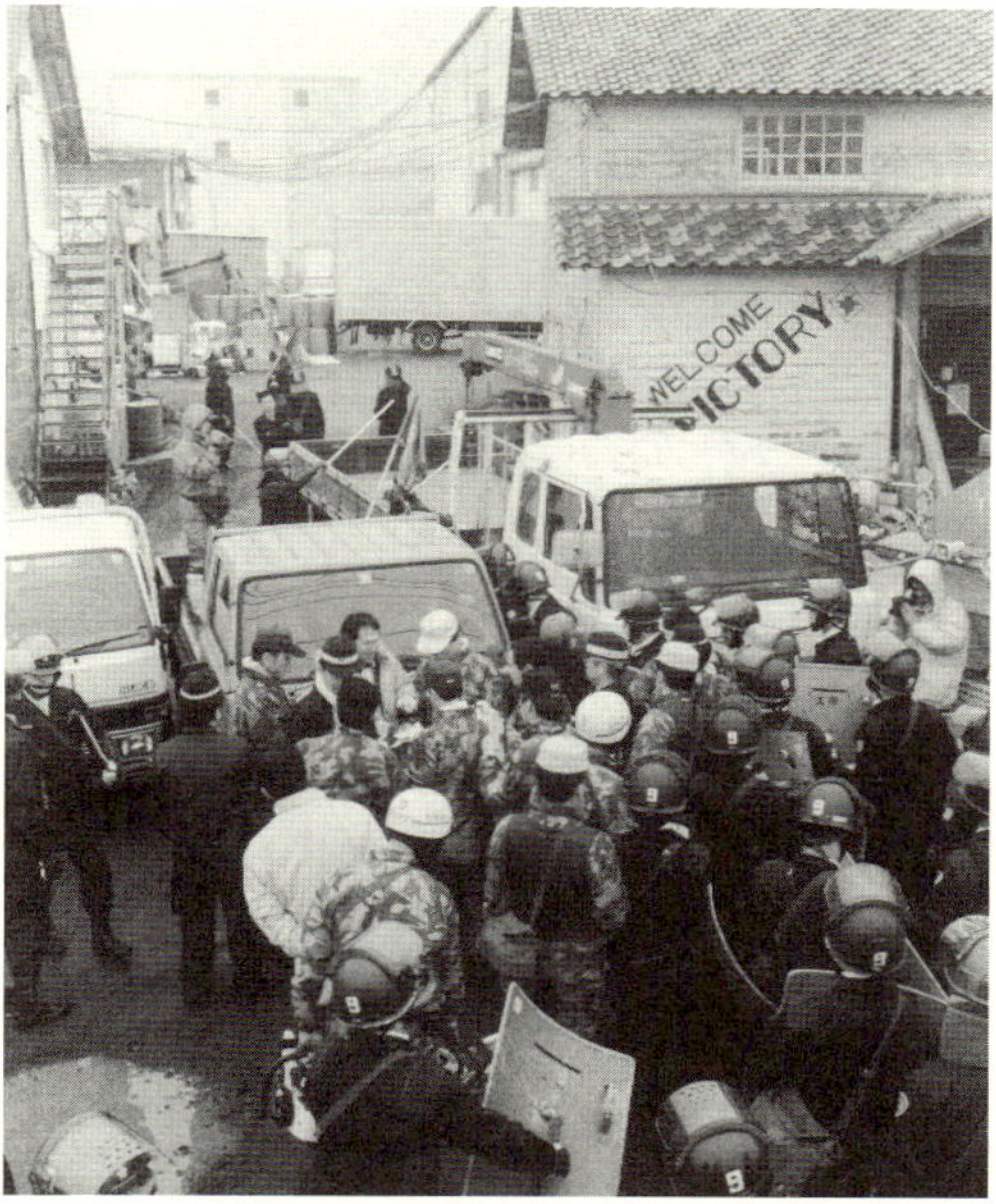

1995年４月、山梨県上九一色村のオウム真理教施設「第６サティアン」で、バリケードの間を通り捜索に向かう捜査員

昭和の清算

平成という時代について、私自身は年齢的には五十代から過ごしてきたというのに、具体的に時代のイメージがなかなか湧いてこない。

昭和であれば、たとえば私がまだ五、六歳にしても、太平洋戦争下の日常的な光景として毎日の父親の出勤風景を覚えている。だからこそ「歴史の時間」と「自らの時間」とが合致するのである。記憶はその二つの交差するところで「現実」を反映した形になって浮かびあがってくる。

ところが平成という時代空間からは、そのように浮かびあがってくる風景がないのだ。記憶されている風景はそれ自体がすでにアンティークな彩りとともに私の記憶の中にある。昭和においては数多《あまた》の光景を記憶しているが、平成にはそれがないというのは、むろん私自身の年齢による心理上の変化があるだろう。つまり私の感性も老いとともにしだいに鈍くなり、記憶そのものが固定化していて、それが動的な形になって浮かびあがってこないのだ。

そのような私自身の変化があるにしても、しかし平成は昭和と比べると、その彩りは単調であり、記憶が動的に変化しづらい時代といっていいのではないか。とくに平成七年（一九九五）ごろから平成十年（一九九八）ごろまではその傾向が強い。改めて年譜を見ながら、なぜこの期間はそういう変化が目につかなかったのだろうと考えると、つまりは二つの出来事に行き着いてしまうのである。

そのひとつが平成七年一月十七日の阪神・淡路大震災であり、もうひとつがこの年三月二十日に東京の営団地下鉄車内で起こったオウム真理教によるサリン散布事件である。天災と人災がわずか二ヵ月ほどの間に起こったのだが、この衝撃と心理的影響が当時の時代空間を占めているといってもよかったのである。

こうした心理状態について、序章において災害史観という語で語ったのだが、この史観が平成という空間を支配していた軸であると改めて確認することができる。そしてこれもすでにふれたのだが、平成六年六月に村山富市内閣が発足し、そして翌七年に「戦後五十年の首相談話」を発表している。この談話の意味は重く、私たちの国は〈一九九五年〉にそれまでの昭和の残滓《ざんし》をすべて捨てて、このときから平成という時代をスタートさせたということもいえるのではないかと思う。

こう考えれば平成には名目上の（時間軸での）始まりがあるのと同時に、実質的に「昭和を捨て去った日（あるいは年）」があり、それをもって平成という時代が定着していったと考えてもいいのではないだろうか。いや、そう考えたほうがわかりやすいようにさえ思えてくる。

「阪神・淡路大震災」、「地下鉄サリン事件によるオウム真理教代表・麻原彰晃の逮捕（五月十六日）」、そして「自民党、新党さきがけと社会党による連立政権の本格的な動き」、この三つは、昭和の清算であり、平成のスタートと位置づけてみれば、その後の十年ほどの間には歴史の年譜に刻まれていくような事件、事象がさほど見あたらないと判断すると、平成は幕開けから一定の期間を置いて昭和の清算を行ったと考えたほうがむしろ的を射ているのではないかと考えられるのだ。

そのことを前提に論を進めていくが、なぜこの三つが昭和の清算になったかということを初めにある程度説明しておかなければならない。なぜ昭和は終わったと判断するのか、そのことを明確にしておかなければならないはずなのである。

変質した青年の反抗の姿

阪神・淡路大震災は、日本人に改めて自然の恐怖を与えることになった。日本社会は関東大震災以来、街全体が崩壊するような衝撃的な災害に出会っていない。そういう緩みが前面に出て、天災・人災（これに戦争などが含まれるのだが）への対応に差が出たというべきかもしれなかった。その苛酷さを改めて教えたといえるのではないか。

むろん阪神・淡路大震災は、地震の活動期に入っていることを認識させることにもなった。しかし昭和という時代にまったく体験することのなかった反動として、阪神・淡路大震災は私たちに多くのことを教えることになったのである。その衝撃が平成二十三年（二〇一一）の東日本大震災まで続いていて、さらに強いメッセージが発せられたといってもよかった。一方でオウム真理教による事件は、とくに思想、宗教、それに社会的に人びとに衝撃を与えることになったが、なぜこれが昭和の清算といえるのかも考えなければならない。

青年はいつの時代にも既成の秩序に対して反抗すると、昭和の時代には信じられていた。いや反抗するのが当然の姿であり、その反抗が時代が移っていくときの儀式のようなものであった。とくにこれが政治的に特化したのが昭和の特徴であった。加えてその反抗を黙認するのが大人の知恵でもあった。ところがその反抗が暴力と連動し、社会秩序への挑戦に至ると警備当局は徹底して弾圧にかかった。その弾圧があまりに激しかったこともあるう、あるいは政治的に反抗するにしてもその目標をすべて見失ってそれ自体が目的化することにもなった。

政治的反抗の虚しさ、そしてその弱々しさを青年たちは見抜いたというべきかもしれない。それがオウム真理教のあらゆる側面には反映しているともいえた。昭和から平成へと動く流れの中で、政治運動に挫折した青年たちの目的喪失の心理状態は、オカルトまがいの宗教にむかい、その行動を宗教の名によって行うことで憂さばらしをしたというふうに見ることもできたのである。

私は、この事件を青年たちの抵抗や反発のエネルギーが屈折した形で宗教に吸収された、とみて間違いないと思う。

その意味ではまさに青年の反抗の姿は変質したのである。昭和における反抗の形は主に反体制に傾いたが、平成の反体制の動きはすべてあらゆる面に発揮され、そして宗教がその行動の中心になったといっていいように思う。平成という時代空間は、昭和の反体制運動の歪みがひとつひとつあらわれてきて、それに脅えたのはなにも警備当局だけではなく、平成の庶民だったということになろう。庶民の中に瞬く間に広まったオウム真理教への恐怖はまさに、昭和の抵抗運動のように、寸分も同情を買わなかったのが何よりもの証しだったのである。

オウム事件とは何だったのか

平成という時代に入って、私は相変わらず昭和史の事件・事象、あるいはその実態を自分なりに調べ、そして取材を続けていた。一方で、昭和の終わりごろから、東京都内や北海道の私立大学などで教壇に立つことになった。それまでも大学で講演することはあったにせよ、一定のカリキュラムのもとで授業を進めたのは私にとって大いに役立った。

都内の私立大学で教壇に立っている折、ある日の授業を終えたあと駅にむかって帰宅を急いでいると、呼び止める者がいる。私の授業を受けている学生だというのだが、百人余の学生の顔などはまったく覚えていない。その男子学生は私に一枚のビラを手渡して、「先生に説明をしたいのですが……」と言った。私はその時間がないことを告げたのだが、学生は執拗であった。そのビラにチラッと目を走らせると、彼がオウム真理教の周辺にいる学生だとわかった。

そのビラには「今、宗教弾圧を受けている」とか、「戦前の特高警察のような時代が来ている」といった類の文字が躍っていた。オウム真理教が不穏な団体として監視されているだけでなく、世間で起こっている不透明な事件をすべてオウム真理教のせいにしているという言い分のようであった。これがオウム真理教にかかわっている学生なのかと思ったのだが、とにかく関心はないと告げると、彼はあきらめて私から離れていった。

その後、オウムが宗教弾圧を受けているといったこの種のビラが二、三回送られてきたが、私は黙殺したままだった。おそらく彼らの組織内部に作家や評論家などを説得するチームがあったのだろう。昭和史についての著作をもつ私などに世間への糾弾の役を担わせようとの思惑があったのだろうが、私にはまったく関心がなかった。ところが平成五年(一九九三)、六年ごろからこの団体の名をテレビなどではしきりに聞くようになった。

オウム真理教事件は今にして思えば、平成という時代のもっとも非人間的事件である。なぜこのような団体が生まれたのか、それを解剖することは平成という時代を見つめるときの必須要因のように思える。昭和四十年代の学生運動の昂揚期(いわゆる七〇年安保という時代だが)に、ほとんどの学生が何らかの形で社会への抗議運動を行った。それは学生の特権でもあるかのようだった。この折に警備当局によって、学生運動の根はすべて刈りとられたという状態になった。

弾圧というより抗議それ自体が法にふれるといった形になって終息したともいえる。

こうした状態のとき、私はある警備当局の責任者に近い立場にいる人物を取材した折、「学生運動のようなものを徹底して弾圧すると、かえって青年のエネルギーが妙な方向へと進んでしまう」と案じる言に接した。そのときはこの言にそれほどの重みを感じなかったのだが、オウム事件が深刻化していくうちにこの言の意味がわかってきた。こういう歪んだ方向に進んだあとは、青年の反抗のエネルギーそのものが失われていき、やがて社会は停滞した状況に入っていくといった形になる。

そこで初めに結論を書くことになるが、オウム事件が昭和と平成をつなぐ、ひとつのトンネルのようになっていると解すべきだと気づく。この事件は句読点のようでもあり、句読点のようなものでないとの二面性をもっている。青年の社会改革のエネルギーが、政治から宗教に移ったということであり、それがなぜかと問うてみれば、政治的には社会主義体制の崩壊により、政治改革を行うべきその目標がなくなってしまったとの意味になった。

オウム事件はそうした時代潮流をそのまま反映しているといってよかったのである。そしてもう一点つけ加えるなら、自らの描く理想社会の実現のためには平気で人を殺めることだ。これはたとえば六〇年安保闘争の折にはなかったことで、私はこの世代に属して岸信介内閣の安保改定に反対したのだが、このときは自分たちの意思を通すために敵対者を殺害していいとは考えなかった。たとえどのような政治行動をとるにしても殺人は許されないとの素朴なヒューマニズムがあった。その立場から七〇年安保世代にも強い不満をもった。内ゲバと称して敵対者を殺害したり、弾圧だ、不当逮捕だといって抗議するだけでなく、官憲を殺害する暴力を何とも思わないという空気を生んだ。

オウム事件は青年の抗議という面ではこの延長にあり、そして殺人を何とも思わないというだけでなく、殺人そのものが目的化していくとの特徴をもっている。オウム事件を丹念に追いかけたジャーナリストの江川紹子はその著書（『オウム事件はなぜ起きたか――魂の虜囚』）の中で、「（麻原彰晃）教祖の指示があれば、殺人すら『ポア』と呼ばれて肯定された。『ポア』は、教団の中では主に魂を高い世界に引き上げる意味で使われていた言葉だ」と書き、そして次のような結論を導きだしている。

「こうした『目的のためには手段を選ばない』というやり方を支えているのが、自分たちの『目的』は、あらゆる価値観を超えて絶対的に正しく、それに反する者は絶対的に間違っている、という善悪二元論である。教祖の言うことは、一般人の善悪の基準を超えた絶対的な『善』『真理』とされていた」

つまり昭和の政治運動における青年たちの抗議運動には、「指導者」への帰依ではなく、思想や論理、倫理への帰依があり、それが運動のバネになっていた。ところがオウム真理教事件ではそのバネは、指導者の一挙手一投足、あるいは一言一句の中にひそんでいたのである。

王国における暴力装置

オウム事件にかかわる年表を改めて見てみると、麻原彰晃（松本智津夫）がオウム真理教の前身である「オウム神仙の会」を設立したのは、昭和五十九年（一九八四）である。当初七〇年安保時代の政治運動がほとんどすべて形を失ったときに誕生したことになる。当初は超能力セミナーを開いていたが、昭和六十二年（一九八七）にオウム真理教と名を変えてその活動を広げていく。

江川がまとめた年表によるなら、「麻原の血を飲む『血のイニシエーション』を一人一〇〇万円で実施」とある。とにかく奇妙な儀式を繰り返している団体だったようだ。昭和六十三年十一月ごろには信者はおよそ三千人に及んだという。そして平成に入っても信者は増えていく。オウム事件の後、信者を含めて関連書が数十冊は刊行された。そのなかに教団の広報担当だった上祐史浩著『オウム事件　17年目の告白』（検証・有田芳生）がある。

この書で上祐は、オウム神仙の会に入会した当時をふり返り、自分が入会した理由について、「動機は単純で、以前から超能力や超常的なことに関心があり、ヨーガにも興味を持っていたからだ」と書いている。自分には子どものときから神秘主義に惹かれ誇大妄想の傾向があったともふり返っている。

上祐の記述によると、オウム真理教の戒律はストイックだったという。「酒、タバコは禁止で、過食、肉食を禁じ、一日一食か二食。セックスは、在家信者はしてもいいが、出家信者は禁止。不倫は厳禁。惰眠を禁じ、短眠を勧め、奉仕活動や功徳を積む行為に努めるべき」とされていた。こうした生活を続けると体調は安定し、心身ともに浄化されたと感じるようになり、「神秘体験へと誘導する洗脳的な効果を持つ」というわけだ。

こういう心理状態に麻原の説く「ポア」の思想が入りこんだのであろう。

一連のオウム事件は昭和という時代にその芽を育て、そして平成に入って次々と事件を起こしたことがわかる。平成元年（一九八九）二月に出家信者の一人が脱会すると申しでたことを怒り、四人の信者が首を絞めて殺害、遺体は焼却してしまった。いわゆる田口事件と称されるのだが、この奇妙な宗教団体は表向きの戒律を利用しつつ、その裏では敵対者を殺害する団体と化していたわけである。

信者には二十代、三十代前半の青年層が多かったそうだが、彼らの親の中には脱会を望む者もあり、その相談に乗っていた坂本堤弁護士一家も殺害されている。平成元年十一月のことだった。この事件について教団幹部は記者会見を開き全面的に否定している。

その後は麻原を初めとする幹部が衆議院議員選挙に立候補したり、熊本に土地を求めるも森林法違反で幹部が逮捕されたりもしている。麻原はテレビに出演したり、東大・京大などでも講演したり、いわば宗教家として有名になっていく。教団内部はひとつの王国と化し、大蔵省、科学技術省、建設省、外務省など、疑似的な国家をつくっている。麻原の説法が効果をあらわしたのか、あるいは科学者や医師など高等教育を受けた者の知的満足感を満たしたためか、とにかく知識人の一団も入会している。彼らの知識はそのままサリンの研究開発にまで進んだ。

こうした王国をつくれば当然内部では、この集団のルールに反する者を裁く機構もできる。内部では殺人が幾つも行われていたというのである。平成五年(一九九三)に山梨県でその王国を築きあげていくのだが、そこでは毒ガスの研究、小銃の製造、要人の暗殺計画など自分たちの王国における「暴力装置」を次々につくりあげていく。むろんこうした活動に比例して世間の注目を集めるようになり、この団体はその二重性をより強めている。

平成六年（一九九四）六月には、麻原は長野県松本市の裁判所にサリンを撒くように指示し、いわゆる松本サリン事件を起こしている（このときは死者が七人でている）。

オウム真理教のメンバーやこの団体を支持する者は、こうした事件がオウム真理教によるとの世間の反応に強い抵抗を示し、これは冤罪であると主張した。こうして行き着いたのが平成七年（一九九五）三月二十日の地下鉄サリン事件であった。この事件の実行犯は五人で、その中には慶応大学医学部出身の医師（教団内部では治療省大臣だったという）もいた。彼は法廷で、「私のイメージでは、麻原とオウムは、釈迦《しゃか》とその教団の現代版だった。（教団内部に）強制捜査が入れば、それが潰されてしまう。真理を守らねば、と思った」と証言し、そしてサリンを撒く役割を担った。自らが信じる「真理のため」には当然のことと、当時は考えたというのである。

結局、オウム事件は平成七年五月十六日に麻原ら主要幹部が逮捕され、その活動は下火になっていく。平成七年五月といえば、阪神・淡路大震災が起こって四ヵ月先のことである。この年はさまざまな意味で昭和の色合いが消え、〈平成〉の空気が醸成されていった年ともいえるのだが、とにかく麻原らの逮捕によってオウム真理教と名乗った宗教団体の命脈は絶たれたことになる。

平成の最大の教訓

オウム真理教が起こした地下鉄サリン事件は、そのほぼ二ヵ月前の阪神・淡路大震災とどのような関係があるのだろうか。いや両者の間についてどういった説明を行えば、平成という時代を語ったことになるのだろうか。むろん偶然とする考えもあるだろうが、私にはそうは思えない。サリン事件はこの災害により生みだされていく史観（人間観といってもいいのだが）を補完するものではないだろうか、というのが私の見解である。

阪神・淡路大震災から二週間ほどを経た後、私はNHKの教育番組で神戸という街がどのように傷つき、そして今、復興に起《た》ちあがっているか街の中に入りレポーターを務めたことがある。被災地の建物の崩壊状況、それに人びとの茫然とした表情などを今も忘れていないのだが、しかし何より驚いたのは復興に起ちあがっている人びとの表情であった。いうまでもないことだが、徹底的に破壊されてしまうと、むしろ人は割り切った表情になるのかとも思った。

こうした体験をもとにいうならば、大地震はすでに述べたように形状あるものをすべてその土台から崩してしまう。つまり私たちが営々と築きあげたものにせよ、あらゆる目に見える存在は大きな力の前にあっけなく崩れてしまう。その虚無感は関東大震災でも示された。この虚無感はそのまま昭和に入っても続いた。モボ・モガなどの先端的な都市文化や、昭和恐慌と符節を合わせているかに見える自殺ブーム（昭和七、八年時には大島・三原山噴火口への投身自殺が異様に増えた）などはこのあらわれである。

オウム真理教の信者たちが、たとえ司法機関への抗議の意思をもち、そのために地下鉄内でサリンを撒くという行為に走ったにせよ、そこに自分たちの「真理」を守るためには一切の敵対者、邪魔な者に死を与えても正当化されるのだというその心理はまさに災害史観そのものといってよかった。この災害史観が平成という時代の特徴である。昭和の傷は戦争といった人災により生みだされたにしても、前述した条件とは別のもうひとつの災害史観を生んだといっていい。

それは情報閉鎖空間にひとつのルーマー（噂）を撒くと、その空間は自己増殖してとんでもない行動を起こすということだ。

関東大震災の場合、日本社会という情報閉鎖空間の中に、たとえば「朝鮮人が井戸の中に毒を投げこんだ」という根拠のない噂が撒かれると、この空間の人びとの中にはとんでもない残虐行為に走る一団が生まれる。その結果が一連の虐殺行為であった。この災害史観は阪神・淡路大震災のときには一般社会には見られなかった。私はレポーター役で神戸に赴いた折、そのようなルーマーによる行為はまったく見あたらなかった。

　つまり関東大震災時の災害史観である情報閉鎖空間がゆえの残虐行為は日本人の宿痾《しゆくあ》ともいうべき国民的性格ではなく、情報閉鎖空間の恐ろしさを教えていた。オウム真理教もまたこの恐ろしさを教えたといえる。あえていえばこれは「平成の最大の教訓」だった。ジャーナリストの江川紹子が自らの著書（前掲）の中に、「閉鎖的で権力者に情報がコントロールされた組織ではなく、自由な民主主義社会であっても、人々が常に自由な選択ができるとは限らない」と指摘するのも、つまりはこのことであろう。

　私はオウム事件に現代社会の病根を見るが、しかしその関心は歴史的な広がりをもたない。こうした宗教団体の密室性は、重大な犯罪に連なるとの教訓を確かめただけと考える。

　平成三十年（二〇一八）七月六日、この宗教団体の代表麻原彰晃ら幹部七人を、そして二十六日にはやはり幹部やサリン事件の実行者など六人の死刑を執行した。死刑確定四十三人の執行には、「平成の事件は平成のうちに」という国家意思があったのであろう。それもまた不気味である。

機械文明の極致への入り口

戦後五十年の平成七年に発表された村山首相の談話、その本質は、これもすでに述べてはいるが、五五年体制の与党と野党とが野合という形で権力を握った結果でもある。これをわかりやすくいうなら、昭和の政治は与党と野党とが水面下で打ち合わせながら、舞台で演技をしていたということになるであろう。政治への信頼は地に落ちたといってもいい。ありていにいうなら、このときに昭和の政治は死んだのである。私たちは平成七、八年という段階ではまったく意識していなかったのだが、今あえて平成が終わろうとするときにあたって、このころからの政治のあり方を見ると、昭和の政治は風化し、平成のきわめて無機質で、激しさも厳しさも失われたどんよりと濁った状態の政治が始まったといってよかった。

そしてあえてつけ加えておけば、この平成七年には、もうひとつ別の現象が始まっていた。ウィンドウズ95が売りだされることによって、文化の質が大きく変わったことだ。日本社会でインターネットの利用と普及が大幅に上昇したのは、このウィンドウズ95が売りだされてからである。電子メールやインターネットの利用によって、文章作法が大きく変わった。さらにインターネットで知的関心がすぐに満たされることにもなった。知りたいこともボタンひとつで知ることができるようになっていく。

　加えて携帯電話もしだいに普及し、私たちの生活をとりまく環境は大きく変化した。その変化によって、人びとの意識も変わっていき、一方でパソコンやゲームへの依存症も増えていった。

　こう見てくると、日本史上では〈一九九五年〉は機械文明がしだいに極致に達する入り口のようなものだったといえるのではないだろうか。

戦後民主主義を肌で学んだ指導者たち

　実質的には一九九五年を起点にして始まった平成という時代、この後の十年近くは、先の三つの出来事（阪神・淡路大震災、オウム事件、自社さ連立政権）をもとに社会の動きが加速していったのではないか。この十年の間、首相は村山富市、橋本龍太郎、小渕恵三、森喜朗、小泉純一郎と続いた。村山を除いてはいずれも昭和十年代生まれである。太平洋戦争が終わったときには小学生か、それとも小学校に入る以前の年齢であった。そのことは戦後民主主義を肌で学んだ世代ということもできた。

戦後民主主義は、実は二つの柱から成り立っていた。一本の柱は、軍事に対する徹底した批判である。もう一本の柱が米国型のデモクラシーへの信奉であった。この二つによって支えられている戦後民主主義は濃淡の差こそあれ、いずれの首相にも受け継がれた。私は年齢的に彼らと同世代なので、たとえば自民党に属しているといっても彼らの発言には、相応の信頼感をもっている（もっとも森首相は、「日本は神の国」と発言し、その杜撰《ずさん》な発想には驚かされたのだが）。

小泉首相が戦後六十年にあたって発表した「総理大臣談話」は、私にはきわめてわかりやすく、納得できる。戦争への反省を具体的に語っている。たとえば「我が国は、かつて植民地支配と侵略によって、多くの国々、とりわけアジア諸国の人々に対して多大の損害と苦痛を与えました。こうした歴史の真実を謙虚に受け止め、改めて痛切な反省と心からのお詫びの気持ちを表明するとともに、先の大戦における内外のすべての犠牲者に謹んで哀悼の意を表します」といった一節などは、確かに戦後民主主義を肌で表現しているといっていいだろう。

この談話が発表されたのは、平成十七年（二〇〇五）であり、平成七年から十年後のことになるが、実はこの内容は、それまでの十年間（つまり村山富市から小泉純一郎までのという意味になるのだが）は、政治の上では戦後民主主義は守られていたといっていいように思う。したがって平成の十年代はむしろ大きな事件・事象もなく、静かに時間が浸透していったように見えたのは、地下水脈で変化の兆しが起こっていたということだ。

あえていうなら平成のこの期のもっとも重要な問題は、静かに進んでいた時代の変化の中にあったのだ。つけ加えることになるが、平成の政治は、少なくとも小泉に至る時代には、その後に起こっていくようなあきれた出来事（これは主に第二次安倍政治を指すことになるのだが）は、まだありえない、あるいは表面化されないバランスと同じだったといってよかった。

平成における死生観

平成九年（一九九七）六月に「臓器の移植に関する法律」（一般には臓器移植法）が衆議院で成立した。この施行はこの年の十月十六日であった。この法律は脳死を認め、脳死状態の身体から臓器を摘出し、それを待っている患者に提供するという内容である。この問題については、昭和の終わりごろから医療界、宗教界、さらには政治の世界でも何度か論じられてきた。日本は脳死についてはもっとも慎重であり、脳死段階で「死」と認めることには大いにためらいをもつ国民性をもっていた。

私はこのころ医学・医療にも幾つかのテーマをもち、具体的に調べていた。実際に医学関係の著作（『大学医学部』『臓器移植と日本人』など）をもっている。脳死を認め、臓器移植を進めるべきか、脳死の容認に反対（そのことは臓器移植に反対ともなる）の両説に関心をもって論者たちの意見を聞いて歩いたし、テレビで私なりの意見を述べたこともあった。

この問題は、行き着く先は「死とはどのような状態を指すのか」という点にあった。あえてつけ加えておけば、戦前、戦時下の日本は、人の命はまさに鳥の羽根よりも軽く扱われた。軍事指導者たちは、まるで人命に対する責任感などない状態に扱った。実際に軍隊内部では「おまえたちの命などは一銭五厘（注・当時の召集にかかるハガキ代）と同じだ」と言われていたのである。ところが戦後になると、日本社会は人命尊重にと変わり、それを具体的に語るときには「命を一分一秒でも長らえる」という理解に変わった。つまり極論から極論に揺れるのだ。

平成九年七月に臓器移植法が成立するまで日本では前述のように、「脳死を死と認めず」が前提であり、これをめぐって何度も議論が展開された。私はこの論議の過程で、安楽死や尊厳死、あるいは現代医療の延命そのものが本質的に問われていることがわかってきた。

脳死判定の基準（厚生省脳死研究班が一九八五年にまとめた基準。杏林大学の竹内一夫教授が主任研究官だったために竹内基準といわれる）とは、六つの条件が満たされなければならないとされていた。この中には深昏睡、自発呼吸消失、瞳孔散大、脳幹反射消失などあらゆる器官の消失状態を指すとされていた。この基準はこれまでの心臓死の三徴候（拍動停止、呼吸停止、瞳孔散大）より、はるかに厳密である。脳死は心臓死の手前の段階であり、脳死状態といってもまだ身体にはぬくもりがあるし、遺体という感じではない。ただ脳幹反射が消失状態であるために、生への復元はほとんどゼロに近い。

延命医療の本質

こうした前提のもとで、脳死を死と認めるべきかが論じられていたわけだが、医師のなかでも、たとえば太田和夫・東京女子医大名誉教授（故人）などは、臓器移植推進の立場から脳死を認めれば、臓器移植を待っている人たち（レシピエント）がどれだけ救われるかを考えるべきだと主張していた。むろん心臓外科の医師たちも大半はこれに同調していた。しかし反対派の医師は、「脳死判定が誤っていたらどうするのか。簡単に脳死イコール死というわけにはいかない」と主張していた。

むろん反対派の医師たちは、日本の医学・医療が封建的なシステムの中にあるといい、こういう先端医療には日本は慎重でなければならないと説いていた。

私はこのころ、前述の太田教授とNHKのニュース番組で討論を行ったことがあった。その議論のときに、太田教授は「脳死、臓器移植」推進派であり、結果的に私は慎重派の側に立った。その議論のときに、「保阪さんは今は慎重派になっているけれど、もしご自分でたとえば腎臓移植を受けいれなければならない状態になったら推進派に変わりますよ」と言われた。私は苦笑いする以外になかった。

しかしこの言葉は、私の心にずっと残っている。もしそのような状態になったら、レシピエントになるのか、と今も問い続けている。答えは簡単に見つからない。

この脳死、臓器移植について社会的に論じられているなかで、結果的に私はジャーナリズムの一角で発言するようになったのだが、それはこのプロセスである人物に会ったからだった。東京・浅草の浅草寺の貫首で、しかも内科医であった大森亮雅である。仏教者にして医師という立場のせいか、大森はこうした類の審議会に入るよう何度も勧められていた。しかし彼はそうした立場には入らなかった。

彼は、平成という時代にあっても、そして医学が進んでいるかに見えても、日本人の死生観は変わらないと言い、脳死・臓器移植は日本の文化に合わないと断言していたのである。脳死問題が論じられているこの時期、つまるところこの問題は、日本社会は「死」をどのように受け止めるかの壁にぶつかっていた。それはオウム真理教の起こしたサリン事件によって増幅されたともいえるが、〈死〉に対する考え方は、あらゆる意味で昭和という時代を反面教師にしていたのである。

昭和の死生観はみごとに二分されていた。昭和前期にあっては前述のように、国家に命を捧げよと命じられていて、それが当たり前であった。そして後期は、その反動で、「生命はいかなる価値より尊い」というのである。この極端なブレの中で、平成の死生観はどうあるべきかが問われ始めた。

生命は尊いという前提のもとに、しかし医療機器によってひたすら延命を図ることが是なのかという問いであった。医療現場ではスパゲティ症候群といわれ、とにかく点滴とか栄養剤を体内に入れるためにあらゆる機器が病人の身体に注入されるのであった。そうまでして生き続けるというのは、むろん生命の尊重を「時間」に重ねあわせているからであり、とにかく心臓死の状態に追いこまれるのは何としても防ごうというのが、そうした延命医療の本質でもあった。

誰にも看取られることのない死

こうした死生観とは逆に医療現場ではしだいにホスピスが前面に出てくるようになる。緩和ケアともいわれるホスピスは、「クオリティ・オブ・ライフ」の一環ともされた。「質の高い生命を求める」というのは、すでに余命がはっきりしているなら、あえて延命を求め続けずに自然に死を受けいれる。生活の質の高さが増してくるにつれ、このような考えの者もまた増えていった。

こういう方向は、安楽死そのものの容認につながっていったといえる。安楽死は延命の治療を行わずに、精神的な安らぎを中心にして、その最期はごく自然に自らの命を閉じるのであった。

平成のこの期、私は『安楽死と尊厳死――医療の中の生と死』（講談社現代新書）という書を著したのだが、国際社会でもアメリカのカリフォルニア州やオランダのように安楽死を積極的に認めて、医療現場のみならず患者の側にもその権利を認めるという論が少しずつ増えていくのにつれ、一方で安楽死がやみくもに認められることになりかねないと、障害者運動の人たちからは強く批判されることになった。「弱者切り捨て」につながるのではないかというのである。この論はしだいに進んでいく高齢社会（高齢化社会から一歩進んだ道筋）での老人切り捨てにも及ぶのではないかとの懸念もあった。

こうした現実を見て、前述の書（『安楽死と尊厳死』）の中で私は次のように書いた。延命は厭だ、尊厳死を望むという人たちが増えている現実を通じてのことである。

「現在、日本尊厳死協会に加入する層は、事務局の話では六十代以上が多いというが、四十代、五十代もふえているという。基本的には今まさに高齢化社会のとば口にさし迫った世代、あるいはその範疇に含まれる層が多いようだ。それは自らに迫った死を意識すると同時に、その年齢までに見聞した他人の死をとおして自らの死生観を固めたからであろう」

平成という時代にあっては、自らの生命は自らの倫理観や死生観で固めるべきであるとの意味になった。

これが平成の時代の特徴だったと思う。昭和の死生観を克服する形になっているといえるのではないか、と私には思える。つけ加えておけば平成の後半十年間には、ほぼ完全な高齢社会に入ったのだが、このときに問題になったのは老人の孤独死である。今、手元に統計はないのだが、こうした孤独死が新聞で報じられるときには、いかにも不幸とか不憫《ふびん》といった具合に語られる。もとよりこれは日本の大家族主義を前提にしていて、「誰にも看取られることのない死」は、そのような家族形態と比較すると、確かに不幸であり、不憫であるというわけであるが、一方的にそう言えるのかというのが平成という時代が突きつけた問題ともいえるであろう。

時代に補助線を引いた西部邁の自裁

今後、平成という時代を考えるときに、私たちが注目しておかなければならないことは、昭和には二つの死生観があり、時代を動かしたという事実である。

ひとつは太平洋戦争の前、そして太平洋戦争下に見られる「臣民の生命は鳥の羽根よりも軽い」という事実と、もうひとつは「市民の生命は一秒たりとも長く生きる」との教訓である。戦中までの「鳥の羽根」の反動として、戦後の死生観は一分一秒でも長く心臓を動かすという生命延長主義がその骨格となった。医療現場はまさにそのようになったのである。

それに抗するように安楽死とか尊厳死といった考え方が少しずつ平成という時代に表面化してきた。死を単に生命の延長という量で捉えるのではなく、生の実感が伴ってこその生命であり、その実感を味わうことが不可能ならば生には意味がないという、質の時代へ変化してきているというのが尊厳死などを望む人たちの考え方となったのである。

しかしこうした医療の中の死という考え方さえ否定して、〈死〉は自らの意思で決めるという死が存在する。これは単に自決とか自殺というのではなく、自裁死といった言い方もされる。

時は下るが、平成三十年（二〇一八）一月二十一日、評論家の西部邁が多摩川に入水して自らの手で自らを殺《あや》めた。ここ何年か著作などで、自裁することを自らの筆で明らかにしていた。病院で生の最期を迎えるより、一人自ら選んだ方法で死地に赴こうとの言をしばしば口にしていたという。「人は一人で生まれ一人で死ぬこと以外には何も残すことがないといった虚無の感」に襲われると、最後に著した書（『保守の遺言——JAP.COM 衰滅の状況』平凡社新書）でも書いている。

私はたまたま中学時代の何年か越境入学で列車、電車で西部と朝夕会話を続けながら同じ学校に通っただけに特別の思いがある。その後十数年間、交際は途切れたが、西部が東大教授、私がノンフィクション作家になってから、担当編集者が同じだったという縁で交友が復活した。

私は彼と政治的、思想的には同じ立場ではなかったのだが、しかし人生論や死生論を交わす関係は続いていた。幾分辛い気持ちで書くのだが、高校時代に私は、「人は生きる欲望をもつ。しかし理性によってその欲望を抑えるのが人間ではないか」と考え、ショウペンハウエルやアラン（『宗教論』）などを読みふけった。考えてみればそれは中学時代の西部との会話に影響されたのである。

西部の自裁死について、私は世間で話されている内容とはまったく異なった視点をもっている。それは西部は平成という時代の中に補助線を引いたというものである。固定化したモラルや安定したかに見える死生観、さらには独自の歴史観や人生観などに補助線を引いてみせたのである。西部の死はその役を担ったというべきであった。

明治三十六年（一九〇三）に日光・華厳《けごん》の滝で、人生は「不可解」と書いて十六歳で死んだ第一高等学校生の藤村操《みさお》、昭和二年（一九二七）に友人に宛てた手紙で「唯《ただ》ぼんやりした不安」と訴え軍事の時代を予想した芥川龍之介、昭和二十四年（一九四九）に「契約は最大の美徳」と叫び亡くなった光クラブの山崎晃嗣《あきつぐ》、昭和四十五年（一九七〇）に自らがつくった楯の会の会員とともに、「戦後鼻をつまんで通りすぎた」と戦後の天皇や体制に異議申し立てを行って死んでいった作家の三島由紀夫。彼ら自身の意思がどうあれ、自らを殺めることで結果的に時代に補助線を引いた。

西部はその五人目として時代の補助線を引く役を担ったと私は思っている。その補助線は昭和と平成の二つの時代にまたがっている。その分析を行うことで、私たちは西部とともに「平成という時代」に別れを告げることができるように思う。

「社員は悪くありません」

平成七年（一九九五）をさしあたり、実質的な平成の始まりとみた場合、このころから時代の軸が少しずつ変わっていくことが改めて年譜を見ているとわかる。これまで日本社会にあっては定年まで同じ会社に籍を置き、そこで自らの職業人生を終えることが当たり前とされてきた。職場を頻繁に替わる者は辛抱が足りないうえに、浮気者扱いされ、信用されにくいというのがこの国の風土だったのである。

寄らば大樹の陰、あるいは石の上にも三年と耐えてこそ一人前のビジネスマン、といった具合に「美徳」の基準が明確であった。とくに金融関係などがそうだったのである。しかしこういう「美徳」は「労働市場の流動化」などの言葉とともにしだいに消えていくことになる。こうした現象をあえていうなら、「共同社会」から「利益社会」へという当たり前の転換が社会のルールとなっていったということであろう。

平成九年（一九九七）十一月に二つの有力企業が倒産している。ひとつは市中銀行のひとつだった北海道拓殖銀行である。拓銀という略称でとくに北海道では相応の力をもっていた。もうひとつは四大証券の一角を占めていた山一證券である。山一證券倒産のときには野澤正平社長自らが記者会見を行い、そこで号泣しながら「社員は悪くありません」と叫んだ。その言葉自体が企業社会の新しいモラルが始まる時代を告げていることにもなった。

拓銀は昭和の終わりのバブル期に、徹底して不動産投資に力を入れた。むろんこれは拓銀だけではなく、市中銀行の多くが不動産の取得に走った。私は経済の専門家ではないので、その倒産の経緯がどのように推移したのか、くわしくはわからない。ただ不動産投資の折、こうした戦略に遅れをとっていた拓銀は、担保設定に極端なまでの不利な形を押しつけられることになったのだという。しかもそれだけではなく、拓銀が経営支援をしていた企業も実態はそれほど営業成績がよかったわけではなく、観光事業、ホテル事業なども次々と赤字経営に追いこまれていった。不良債権の累積化が進んでいったことになる。

大蔵省（当時）の検査でも幾つか融資の甘さや経営上の不手際が指摘されていたという

が、平成に入って、しかも五年、六年と時代が進むにつれ、拓銀は経営危機にあるとの噂が公然化していったという。そういう噂が広まると銀行は致命的な打撃を受ける。つまり預金の引きだし・解約が企業、個人を問わずに進んでいく。

拓銀側も合併や提携など幾つかの金融機関に意向を打診したが、いずれもそれらに失敗したというのであった。

拓銀倒産は二つの面から分析された。ひとつは、バブル期に過剰なまでに不動産投資を行ったり、ベンチャー企業への融資などがあまりにも杜撰であったために経営責任そのものが問われるという形になった。もうひとつは、拓銀職員の間に市中銀行だとか大手金融機関だとの自負があり、それが合併話などではネックとなり、つまりは相手を見つけることができなかったというのだ。

むろんこの倒産には、経営者の経営姿勢がもっとも問われるわけだが、しかしそこには、大手の金融機関はつぶれるわけはない、そんな時代がくるわけはないとの錯覚が労使の間にはあったのだろう。意外にも、拓銀だからといって職場が安定するという時代ではなくなっていることを、従業員もまた錯覚したのである。これらの要因が絡みあったところに、拓銀の悲劇があったといっていいだろう。

バブル期の意識

昭和にあっては、銀行とか証券など、いわゆる大手の金融機関が倒産することはありえないとされた。日本の高度成長を担ったのがこうした金融機関だったのであり、しかもこういう分野には優秀な人材が多いとの自負もまた目立った。だから拓銀とほぼ同じ時期に倒産した山一證券についても、正直にいって誰もが倒産するとは思っていなかったのである。

一時期はバブルの波に乗って営業成績も好調だった。それは山一證券だけではなく、他の大手証券も同様である。それなのになぜ山一證券は倒産したのか。バブル崩壊により企業や団体の運用失敗の損失補塡《ほてん》に莫大な資金を必要としたからである。経済記者の証言によるなら、もともと山一證券はかなり強引に団体からの資金運用を行っていて、一定の利益を常にカバーする形での運用を続けていたという。それがバブルではじけてしまったことになるが、現実に存在する含み損を隠しながらの悪循環を続けたそうである。

「社長が泣いて、社員が悪くないといったのはある程度あたっていて、この含み損の隠蔽や運用の失敗も株価があがれば一度に取り返せると博打打ちのような経営をしていたんだね。倒産に至るプロセスを見ると、株屋の古い体質が限界にきていたということですよ」
という山一證券内部の声もあった。帳簿に計上されていない損失額は三千億円近くになっていたともいうし、組織上の問題が根深くあったということだ。むろん他の金融機関とてそのような危ない橋を渡っていたのだろうが、つまりは表に出てこない、いや表面化しないだけのノウハウもあるのかもしれない。そういう点で拓銀と山一證券はこれまでの企業規模に甘えて、自らの体質を見つめ直す労力を軽視していたのだろう。

二つの有力企業が同時に倒産するというのは結果的に平成の重大事としてまずは考えるべきであろう。実際に「サラリーマンは気楽な稼業」という時代は終わりを告げていくことになった。サラリーマンの意識改革が必要になると理解しなければならなくなった。

山一證券にしても約七千五百人の社員たちが新たに職探しを行わなければならなかった。当時の社長が涙ながらに「社員は悪くありません」と叫んだのはできるだけ再雇用の道を開くためでもあったのだ。ここであえてふれておけば、山一證券は昭和四十年（一九六五）当時の証券不況の折に、二百八十億円の日本銀行特別融資によって倒産を免れたという体験をもっている。この体験により、いざとなれば国が助けてくれるとの意識が育ち、それが最終的には引き金になっての倒産だったとのちにその真因が語られた。

バブル期の経営の特質は、たとえば証券市場を見る限りでは、株価は常にあがりつづけるとの楽観的見通しに終始して、社会から問われている不祥事の公表や情報開示などの責任をまったく考えていなかった点にあった。

バブル期の特徴は、単に経済社会そのものが舞い上がるといった状態ではなく、社会的意識が変容することでもあった。山一證券の経営陣が、「飛ばし」を恒常的に行っていたのも、少なくとも株価がほぼ半永久的にあがり、自分たちはその恩恵を受け続けられるという、バブル期の意識によるものだったのである。よしんば企業成績がダウンしたとしても、「親方日の丸」が救ってくれるといったあまりにも身勝手な論理に入り込んでいたのであろう。この一企業の構図そのものが、日本社会のあらゆる面に及んでいて、自省とか自戒、はては禁欲的な生活などとしだいに距離が広がってしまったように指摘できる。当時、日本はいつかアメリカよりも大きな経済大国になるとの確信など、まったく根拠がなく囁かれたものでもあった。

経済大国という空念仏

あえてバブル崩壊以後の道筋を大まかに見てみよう。平成二年（一九九〇）のバブル崩壊は平成十年（一九九八）ごろからはより深刻な後遺症があらわれるようになった。日経平均株価は平成元年十二月二十九日に三万八九一五円をピークに一気に下落に向かった。実際にバブル期に不動産投資を進めた金融機関は地価下落とともに不良債権を抱えることとなり、そして倒産にむかったわけだが、その第一号がまさに前述の北海道拓殖銀行だったのである。

バブル崩壊は二つの現象を遺産として残した。ひとつは金融機関は軒並み不良債権を抱えて、経営危機に陥ったことである。政府からの支援とともに銀行の業務提携や合併によってまったく新しい企業地図が日本にも生まれることになった。社会的に有為でないとされた人材は、企業から解雇されて当たり前となり、定年まで同じ会社や職場で働くというのは、むしろ珍しいこととなった。そしてもうひとつの後遺症は、マンションや一戸建てをローンで購入していたマイホームの持ち主たちが、その高い月々の返済を保証する給与が得られなくなり、結果的に自宅を手ばなす例が増えていった。

こうした二つの現象は、明治、大正、昭和と続いてきた日本型経営基盤を根本から揺るがすことになった。さらに金融機関は企業への貸し出しを渋るだけでなく、これまでの融資はすぐに返済してほしいと要求するところが増えたのだ。わが身の安泰をまずは確保するのが先決だというのである。いわば経済大国二位などと豪語していても、それはまったくの空念仏で、経済状況の行く末は決して明るいものではないというのが、平成七年から十年ごろにかけての特徴だったのである。

この時期、いかに日本経済を立て直すかが政治的課題となった。自民党、あるいは自民党を中心とする政治権力が、低迷する日本経済の担い手となったのだが、その首相は橋本龍太郎、小渕恵三、森喜朗と続いた。いずれも長期政権とはいえず、加えて有効的な手を打てずに内閣はまるで濁流に流されるように、生まれてはあっけなく消えていった。ただ橋本首相の行財政改革や小渕の財政再建への意欲は目立ったが、彼らも志半ばでの退場、あるいは急死によってそうした計画は後任者に引き継がれていった。

第五章

事件から見る時代の貌

1997年６月、神戸連続児童殺傷事件で逮捕された少年を乗せ、地検へ向かう警察車両

〝ひきこもり〟という時代の病

平成の時代は、子どもたちの関心がインターネットやゲームに移り、外での遊びよりもむしろ室内に閉じこもり、内向きの遊戯に没頭するようになった。また、子どもに限らない、いわゆる「ひきこもり」という現象の一般化もみられる。社会とほとんど関係をもたずに、家に閉じこもるという生活は、確かに異様である。不健全でもある。こうした現象はなぜ起こるのか。

厚生労働省はこのひきこもりについて「仕事や学校に行かず、且つ家族以外の人との交流をほとんどせず、六ヵ月以上続けて自宅にひきこもっている状態、時々は買い物などで外出することもある」といった状態を指すとしている。こうした現象は平成に入ってから騒がれるようになったのだが、もとよりこれには本人の性格、家庭環境など、いろいろな理由が挙げられる。と同時に、ひきこもりの年代も十代から六十代、七十代までと幅広くなっている。

こうした現象が社会問題となったのは、一九九〇年代半ばから二〇〇〇年代初めにかけてのことで、各メディアでもその実態と解決策が盛んに論じられた。こうした原因には社会的理由や精神的理由などがあるわけだが、こうした現象について単に精神的な理由と割り切るのはおかしいとの見方も提示されている。『「ひきこもり」への社会学的アプローチ――メディア・当事者・支援活動』（荻野達史ほか編著）という書によると、これは今では「社会現象」であり、多面的な分析が必要だと訴えている。私もこうした見方をとるべきだと思うが、明治、大正、そして昭和という時代にも、ひきこもりの事例があったにしても、それは主に精神的な病だとされて一元的にしか論じられてこなかった。

しかし平成に入ってのひきこもりは、「時代の病」といっていい。これは人と社会の原点を考えれば容易に説明がつくように思う。個人と社会の基本的な関係として、個人には社会に身を置く意欲、労働にかかわる意欲、そして他者との関係に積極的意味を認める意欲があることが必要である。

いうまでもなく、意欲がないことにはすべてが出発しない。平成という時代の社会環境、さらには家庭環境には、この意欲がなくても自宅に閉じこもっていれば生活できる条件を備えているということもあろう。むろんこれには両親を初めとして肉親の支えがあるというのも条件であり、こうした条件のもとで意欲は一定の範囲内で満たされる。平成はまさにそれを可能にしているという意味になる。

このひきこもりは平成の終わりになると、高齢者の間にも広がっていく。現実に家にいる以外に動きのとれない高齢者はひきこもり、つまり孤老といった形で社会問題化している。これなどもやはり時代の病といっていいだろう。

このように見ていくと、平成という社会のある姿が浮かんでくる。昭和五十年代から六十年代にかけて高齢化社会の到来が予想され、現実にさまざまな統計類も発表された。私はそのような統計を見ながら、そこで予想されている三十年後、四十年後はきわめて残酷な社会になっていると受け止めた。これからは想定の難しい時代になると、その種の資料は教えていたのである。そこでは、街には行き場を失った高齢者が医療や福祉の及ばない形であふれる状態になるだろうと予想された。そして自宅には病で伏す高齢者の姿があるというのであった。私たちの国はそのような事態を迎えるのは当たり前になっていくと、シンクタンクなどの資料は想定していた。

私は今にして思えば、これはこれでかなり的を射ているように思う。そしてひきこもりというのは超高齢社会そのものの一現象であると私には思えてくる。ひきこもりは、この時代が病んでいるから増えるのではなく、意欲そのものを満たす空間が極端に少なくなっていくからである。それはこの時代が抱えている諸々の様子が生みだした人間の百態だということになるのではないか。

このひきこもりは全体に意欲に欠けるというのであれば、この社会にもそうさせるための一端の理由があるのだろう。それをあえて私は時代の病というのである。平成から次の元号の時代にはこの病はどのように変化していくのか、それをさしあたり見抜く目をもたなければならない。ひきこもりなど、国と国の緊張関係の悪化などで治癒するといった暴論がでてくるのではないか、私は注意しておくべきだと思う。

犯罪の目的が変わった

平成にあって、もうひとつ私たちが注目しておくべきなのは、犯罪事件の特異性である。昭和六十三年（一九八八）から平成元年（一九八九）にかけて東京郊外や埼玉県で、宮﨑勤が四歳から七歳の幼女四人を殺害し、それをビデオで撮影するなどしていて、その猟奇性に社会が驚かされた事件があった。こうした人間性の根本を問う事件が平成には起こっている。

このような事件のほかに、平成にはインターネットで殺人を犯す意思のある者を探し、見ず知らずの者同士が勤務から帰る途中の女性を殺害してその所持金を奪いとる事件も起こっている。これに類する事件はその後も起こった。犯罪の質が変わっている。いや犯罪の目的が変わってきた。ここには何が隠されているのだろうか。日本社会では、平成という時代空間を機に「人間像」が大きく変容していると解釈すべきなのかもしれない。そこを見つめる必要がある。

神戸連続児童殺傷事件

平成に入って十年近くになってくると、私たちの生活環境、生活様式から、時代が様変わりしていくことがわかった。私はこれが時代の流れというものかと思う半面で、自分は価値観の異なる社会に住んでいるのだと思うこともあった。そう思えばこそ、自らの価値観を頼り切ることができたのである。

改めて平成九年ごろから二十年ごろまでを俯瞰すると、とくに特徴的だったのは少年による凶悪な犯罪が相次いで起こったことである。少年犯罪そのものの件数は減っているそうだ。しかし、少なくなった凶悪犯罪は改めて調査をして書き直しておかなければならない、との思いに駆られる。それは非人間的な犯罪が世情にどのような影響を与えたか、その記憶をいかに教訓化するかにかかっているということでもある。

つまりその少年犯罪を解明する鍵をこの社会はもっているのかといった問いである。そうした少年犯罪が正面から論じられるきっかけにもなった神戸連続児童殺傷事件は、平成九年（一九九七）に神戸市須磨区で起こった。何者かによって小学生が襲われ二人が死亡、三人が重軽傷を負った。とくに一人の小学生は遺体が傷つけられ、その頭部が声明文（これには、「酒鬼薔薇聖斗」の名が用いられていた）とともに中学校の正門前に置かれた。当初は成人による猟奇的殺人という見方がされていたが、実際に犯人が逮捕されると十四歳の中学生であることが判明した。

この逮捕までの間に酒鬼薔薇聖斗の名による犯行声明文が神戸新聞社などに送られてきて世間を騒がすことになった。

アメリカのメディアもこの事件を詳細に報じ、ワシントンポスト紙は、この異様な事件に日本社会は大きく揺れていると書き、「社会の風潮、インターネットなど、ごくふつうの少年を殺人者に仕立てあげていく日本社会の内部構造の解明が新たに浮上している」と指摘したとある。

この事件について少年は冤罪ではないか、との論も一部に起こったという。私自身、メディアからこうした指摘をする電話を受けたことがあった。この事件が冤罪ではないかと主張する人のなかには、中学生が書いた声明文にしてはあまりにも高度な内容であり、このような表現の手紙を書けるわけがないとの見方を根拠にしていた。しかし事件の異様さを見る限りでは、こうした声明文とて少年の能力ではできないとみるだけでは説得力をもつとはいえない。

光市母子殺害事件

この二年後の平成十一年（一九九九）四月に、新日鉄光製鉄所（山口県）の社宅アパートで、当時十八歳の少年が母子を殺害する事件を起こした。強姦目的で部屋に押し入り、抵抗した母親を殺害したあげく、当時生後十一ヵ月の乳児の命を奪うという残忍極まりないものだった。

被害者の夫であり、父でもある男性はメディアに顔をだし、このような犯行は許されぬことと言い、少年に極刑を科すべきであると主張した。その主張は何より平凡な日常が少年の気まぐれで壊されることの残酷さを教えることにもなった。テレビで見る限りでは彼は厳しい口調で犯罪被害者の権利を確立すべきだと訴えた。この訴えは人びとの共感を得て、「全国犯罪被害者の会」が設立された。この会では、被害者の支援のほかに、被害回復制度確立などのスローガンも掲げて活動を続けた（平成三十年〔二〇一八〕に解散）。

　少年は第一審、第二審では死刑を免れたのだが、そんな折に被害者や遺族を愚弄するような獄中書簡を書いて問題になったりした。しかし最終的には死刑判決を受け、その刑は確定した。最高裁は、この犯人に自らの犯した罪と向きあって人間的な自省を求めるのは無理であると断罪している。

　犯人の少年はしばしば突飛なことを口にしたが、高裁では弁護側が犯人の意を汲んだのか、かなり奇妙な主張を試みた。たとえばこの少年は、強姦が目的ではなく、ただ母親のような愛情を求めていた、また乳児を押し入れに入れたのはドラえもんに助けてもらうためとか、さらに死後の姦淫は、魔界転生を信じていたので……と弁護側に主張させている。

　事件について、加害者の証言が直接に犯行に結びつくものではなく、あれこれ詮索してもあまりにも犯行の理由は単純であった。被告は当初は法廷で真面目に証言していたわけではなく、むしろきわめて反社会的なポーズをとっていた。しかし死刑が確定していくプロセスでは、あまりにも臆病な発言がでてきた。被害者を母親のように見ていたと言いだし、次の段階として、自分の頼りにする者の名を挙げ、それをバネに減刑を目論んでいることが明らかになった。

この二つの事件は、さまざまな意味で〈昭和から脱《ぬ》け出た平成の犯罪〉というイメージを与えている。これらの犯罪には、犯人に明らかな精神上の欠陥が見えた。神戸連続児童殺傷事件でも光市の母子殺人事件でも残虐性が特徴になっている。そしてもうひとつは、人の命を何とも思っていないという点である。本来、日本の司法制度は少しでも情状酌量の余地が見えれば必ず減刑したであろうと思われる。にもかかわらず、こうした裁判では被告の側のあまりにも見え透いた麗句を受けつけずに初めから怒りがあったということも指摘できるであろう。

司法を担う全国の裁判官は、少年犯罪にはできるだけ死刑の判決を下さずに社会復帰を促すという形をとっている。それが少年法の基本姿勢になっているという。そのプロセスでは担当職員の日々がかなり大切になるのだろうが、神戸の児童殺傷事件ではそのための心理カウンセラーなど多数のスタッフが動員され、少年は釈放後にメディアの執拗な追跡との戦いを強いられているという。

「人を殺してみたかった」

もうひとつ、この時代を特徴づける犯罪の例を挙げておきたい。

平成十二年（二〇〇〇）五月に愛知県豊川市で高校生による主婦殺害事件が起きた。夫が帰宅したところ、妻が血だらけで倒れているのを発見したのが発端で、妻は金槌《かなづち》で頭部などを強打されただけでなく、包丁で首などに死に至る傷が発見された。夫は犯人ととっ組み合いになり、夫も包丁で斬りつけられて軽傷を負った。

逮捕されたのは地元の高校生であり、犯行の経緯は、この夫妻の自宅の玄関が開いていたので中に入り、妻を殺害したというのだ。その後駅まで逃げ、公衆トイレで一晩を過ごし、そして寒くて疲れたので交番に自首したというのである。この少年の犯行動機はただ単に、「人を殺してみたかった」だけというのだ。何度か精神鑑定も行われたが、結局アスペルガー症候群と診断され、心神耗弱状態での犯行だったというのである。

しかしこの事件で問題になったのは、どういう症状での病といわれようとも、とにかく「人を殺してみたかった」という理由である。この言が平成という時代の少年犯罪では特別の意味をもって使われるようになった。

これらの事件は平成九年から十二年までの三年間に起こっているのだが、重要なのは豊川市主婦殺害事件の少年が語った言（一部のメディアで報じられた）の中にある。「殺人や、それを行う自分の心理がどういうものか経験して知ることが必要だと思い、計画した」というものである。計画した以上、実行することで自分自身が成長できると思って、殺人を行ったとも言っている。

この「人を殺してみたかった」という理由は、平成の少年犯罪の特徴で、平成二十六年（二〇一四）に起きた名古屋大学の女子学生による老婦人殺害事件を含め、このような言を弄する少年の行為は増えているかに見える。この理由について、あるいはその分析についてさまざまな原因を探りあてることは可能と思える。私はとくに心理的な要因というより、昭和という時代、そして平成という時代にふれてみて、以下のような分析が可能なのではないかと考えている。

〈時代の価値観が着実に変化している。しかもその変化に伴い、昭和という時代の人生観、生命観、そして人間観に微妙な問い直しが始まっている。それは若い世代に共通のものとして問われ始めている〉

もっとわかりやすくいうならば、戦後民主主義を支えてきた人命尊重とか人権尊重といった価値観や倫理観が崩れつつあるということだろう。人道主義とかヒューマニズムといった概念が空洞化を起こしているといってもいい。私たちは太平洋戦争が終わったあとを〈戦後〉という語で語ってきたのだが、この言葉にはそのような人道主義とか民主主義といった語が代置されてきた。そのような言い方をすることによって、〈戦後〉という語は、戦前と対照されてきたのである。それは同時代人にとって黙契であった。

〈戦後〉はなぜ死んだのか

ところが〈戦後〉という語が平成も半ばになるとしだいに死語になり、この語がもっている概念が充分に機能しなくなっていく。つまり形骸化が始まっているということだった。なぜ〈戦後〉は死んだのか。それも平成の半ばになってなぜ死んでしまったのか。理由は幾つか思いつくのだが、あえて三点を挙げておこう。はからずもそれが平成という時代の特徴に通じているからである。

その第一は、単純に世代の入れ替わりである。太平洋戦争を直接に知っている者はすでに八十代半ば以上であり、幼少期に戦争の記憶がある者とて七十代も半ばを超えている。あの戦争を知っているからこそ〈戦後〉という語は生きていた。その体験世代が社会的に極端に減ってくるのであれば、当然ながら戦争は体験から記憶や想像の世界に入っていくのであり、やがてその記憶は薄れ、記録ははるかに昔のことになっていくのである。

その第二は、理念の消失である。どういうことか。人命尊重とか民主主義の骨格とか、あるいは革命とは何か、日本文化を代表するものは何か、といった論が交わされることがない。そういう理念は平時の平凡な日常には語る機会も少ない。戦争が終わり、たとえ戦後になったといっても戦争を語れば、当然ながらそこで学んだ教訓を議論できる。そういう共通の基盤がなくなってしまったというのが大きな理由になると思う。

そして第三である。これがもっとも大きいと思うのだが、次世代に戦争の教訓がうまく伝わっていないということである。換言すれば、あの戦争を体験した世代が教訓を伝えようとせずに、戦争の話がでれば「辛かった、苦しかった」という思い出話でお茶を濁してきたことのツケ、それが〈戦後〉という語が形骸化し、その実態や本質が伝わらなかった理由だといっていいように思う。どこでどういうふうに誤ったのか、正面からの議論をせずに相手を論破するだけが議論そのものであるという考え方に陥っていたのである。

この三点を、私たちはより鮮明に自覚しておくべきだろう。それが平成の特徴であり、そして長所にもなりうる半面、短所にもなってしまうと結論づけておきたいのである。平成が終わりにむかっている今、これらの三点をどのように克服していくか、それがこの社会では試されているといっていいであろう。

平成のこうした特徴は日本社会の歴史観、政治観などとも微妙なかかわりをもっている。

村山首相や小泉首相などは、過去の日本の戦争での負の役割について、それを克服する談話を発表した。それ自体、平成になって影が薄くなっていく前述の三条件を何とか守ることで、次代に教訓をつなごうとした努力だったといっていい。しかしこうした努力は、実際には戦争を知らない世代の内閣、たとえば安倍内閣に引き継がれなかった。

つまり〈戦後〉という語が死滅していくのをもっとも象徴しているのが、第一次および第二次安倍政権だったということになる。それは単に世代的なものとは別に思想的計算や政治的思惑が秘められているという言い方をしてもいいのではないか、と私には思えるのである。

第六章

胎動する歴史観の歪み

2017年11月、日本会議国会議員懇談会の設立20周年記念大会

民主党政権とは何だったか

民主党政権が誕生したのは平成二十一年（二〇〇九）九月である。それまでは五年半続いた小泉政権の後はほぼ一年ごとに総理が替わり、そして再び安倍政権になるのだが、民主党政権はなぜあれほどの失敗を犯したのであろうか。つまり日本が右傾化している、あるいは国家主義的、戦前回帰型へといった動きは、民主党政治の失敗もその因になっているといっていい。

当初、民主党の鳩山由紀夫を首相とする内閣は支持率も七〇%をはるかに超える状態でスタートした。しかし政策の行き詰まりで菅直人内閣に移り、この内閣も東日本大震災をめぐる各種の政策の失敗により退陣、つまるところ野田佳彦内閣にと委ねられた。

しかし民主党政権の三人の党首は、強力なリーダーシップがなく、はたして国民の望む政策をどの程度実行しうるかの統治能力そのものが問われてしまったことになる。

この党の政権運営能力がもっとも欠落していることを露呈したのは、平成二十三年（二〇一一）の東日本大震災における東京電力福島第一原子力発電所の事故における対応であった。このときに首相だったのは菅直人であったが、その対応はまさに後手の連続であるだけでなく、責任者としての姿勢には著しく欠けている点があった。それは指導者としての冷静さと大局を見ての判断、そして当事者である東電からの畏敬の念である。畏敬の念があれば、東電から正確な情報が提出される可能性があった。首相が畏敬の念をもたれる言動をとっているにもかかわらず、東電側がそれに応じた情報をださないとするならば、その批判は間違いなく首相を擁護する形になったであろう。

三・一一原発事故の折の東電側の対応、情報隠し、その責任逃れの姿勢、さらに原発推進側の科学者を動員しての世論づくり、それらはまさに原子力発電そのものへの批判として生みだされたものだった。しかしその批判が菅首相の感情的な対応や節操のない言辞に向かったのは――そのことによって東電側は大いに助かったわけだが――まさに身からでた錆《さび》だったのである。

生かされなかった太平洋戦争時の教訓

この事故のあらゆる側面を調べあげて、教訓的な視点を示した書に船橋洋一の『カウントダウン・メルトダウン』（文春文庫）がある。この書は官邸、東電側の主要人物などそのすべてを取材しつくして、何が問題なのかを示したものだった。

私は文庫化の折にこの書の解説を書いたのだが、そのためもあって一部の関係者の話も聞くことができた。そして民主党政権の当事者意識の稀薄さに驚いた。その折に船橋が書いた次の一節に、すぐに納得がいったのである。

「米政府内には、菅政権の取り組みに対する不信が募っていた。東電は本当のことを官邸に伝えていない。菅は本当のことを知らずにやたら忙しくしているだけだ。『菅にショックを与える必要がある』日本政府に対する〝ショック療法〟とでも言おうか。国務省は『タフなメッセージ』を波状的に日本側に伝えた」

アメリカ政府は緊急時に対して、菅政権がまったく役割を果たしていないことに愕然としたという意味である。

東電側はこうした大がかりな津波を充分に予想していなかったという。むろんこれはこの地に本社を置く企業にもまったくの寝耳に水のことだったから理解できるにしても、それでも他の企業との比較を見ても東電はひどいという噂は流れてきた。その噂自体を改めて検討することが必要になっている。

こうした一連の対応を考えてみると、そこには太平洋戦争といった史実からの教訓がまったく生かされていないことに気づく。私は先の船橋の著作の解説にも書いたのだが、そこで太平洋戦争時の失敗と七つの部分で重なりあっていることに注目した。

その七つの中にはたとえば、「指導部が明確でなかった」「最大の危機のとき、最初に逃げたのは軍人の家族だった」「主観的判断や思い込みが客観的事実にすりかえられる」、そしてこれも大きな問題だったのだが、「官僚機構と政治の側の連携が著しく乖離していて、相互に信頼がない」などがすぐに挙げられる。

こうした問題は太平洋戦争の失敗と同様である。とくに私が重要だと思うのは七点の類似の中の一項（「戦時下の東條英機首相の感情的対応と原発事故時の菅直人首相の感情的な動きとは重なり合う」）である。この点では指導者の人間性が問われたのだ。

東條首相の戦時下での言動は驚くほど粗雑である。とにかく国民にむかって、「負けたと思ったときが負け」というような精神論を繰り返し、さらには戦況が好転しないと、これは国民の怠惰な精神に罰が加えられているのだという論理を用いる。つまり責任をすべて国民に押しつけようとするのである。

菅首相も直接、事故現場に乗りこんで怒鳴りまくるといった行動が中心になっていたという。本来もっとも冷静であるべき立場の人物がこんな状態だから、現場では隠蔽の構図ができあがってしまうのも当然のことと想像される。

昭和の指導者の中で、戦争に至る道筋をあまりにも安易に突き進んだ軍人首相と、平成という時代の中でもっとも指導力が必要なときにその器に欠けていた市民運動出身の首相と、まさに二つの時代はもっとも有能な指導者が必要とされるときに、よりレベルの低い指導者がその地位についていたのは、歴史上の皮肉としかいいようがない。

「デモクラシーの後をファシズムがついてくる」

民主党政権の次は、どんな首相がついたとしてもある程度の点はとれる。つまり合格点近くの点数はとれるということだ。そこに安倍首相が登場してきたことは、私たちに「首相に誰がついてもそう変わりはない」との空気を醸成してしまった。安倍首相はその空気によって生まれた政権であり、あえて微妙な言い方をすれば「デモクラシーの後をファシズムがついてくる」との歴史的教訓を思いださせるのである。

第一次世界大戦後のドイツはワイマール憲法によってブルジョワ民主主義体制となったが、しかしここにはヴェルサイユ体制という名によるドイツ国民への屈辱的なシステムが内在していた。もとよりこのワイマール体制に抵抗して国権党が軍人の協力でクーデターまがいの騒ぎを起こしている。

やがてヒトラーが登場して、ワイマール体制を骨抜きにしていくのである。

政治学者の岡義武は「ヒトラーはなぜ民主主義から生まれたのか」を明らかにするために『独逸《ドイツ》デモクラシーの悲劇』（文藝春秋）を著している。

その中で十四年続いたワイマール共和国はその当初から十全な形で生まれたわけではなかったが、結局はヒトラーのナチス勢力によって解体されていったことが書かれている。岡は、なぜワイマール共和国は死んだのかと問い、そして「疑もなく明白なことは、自由は与えられるものではなくて、常にそのために闘うことによってのみ、確保され又獲得されるものである」と説き、闘うという意味は、「聡明と勇気とを伴わずしては、何らの意味をもち得ぬということ」だと結論づけている。平成という時代体験を通しもっとも自覚しておかなければならない教訓だろう。私たちは先達のこの言葉をさしあたり自らのものとしておかなければならない。

ナショナリズムのあり方

あえてふれるのだが、第二次安倍政権は平成二十六年（二〇一四）七月、集団的自衛権の行使を容認する閣議決定を行った。二十一世紀の国際社会でアメリカの軍事力が相対的に低下していくなかで、アフガニスタンやイラクでのアメリカの軍事的・経済的負担を日本の経済力によって再編しようとの思惑があり、安倍首相はそれに応じたのである。

ここで自民党内のハト派の長老である河野洋平の書『日本外交への直言――回想と提言』(岩波書店)から幾つか引用しよう。なぜなら私の感じる日本社会の歴史観、政治観の変化について、まさに河野の見方が重なりあっていると思えるからだ。

「(安倍内閣の)こういう方向にさして深い議論もなさないまま突き進んでいくことが、本当に国民にとって、また国際社会の平和と安定にとって望ましいものなのか、これまで平和主義を守ってきた先輩の苦労を見直しながら、立ち止まって議論すべきではないか」

河野の提言は、きわめて妥当な意見と思う。しかしこのような意見は、この内閣にはまったく反映していない。というより、反映しないことが日本の独立の条件と考えているようにさえ思える。河野はアメリカの政権与党が、日本のタカ派をまったく信用していないと書き、そして日本の政権には、「戦後秩序に対して本心の部分では否定的なタカ派が多いことは、アメリカはもちろん知っている」と書いている。

私自身も、アメリカ国務省のスタッフからある件で意見を求められたときに、これとまったく同じことを感じた。日本のタカ派の本質は、あの太平洋戦争を正当化し、そのことをアメリカ側に認めてもらおうとの配慮を行っている（一見複雑に見えるが、要は日本政府の和平の本意をアメリカ側には理解してもらえなかったともっていきたいのである）。こんな歪んだ歴史観をアメリカは内心では嗤《わら》っているとの言は、アメリカ政府から密かに発せられている。今の政権にはとにかく武器を売り、日本の財政をアメリカの軍事力の一部に回すことが至上命令というのがトランプ政権の本質であり、日本はまさにいいように利用されているということだろう。

私は河野の歴史的な見方に接するたびに、かつての後藤田正晴の政治的見解と重なりあうところを見出し、それなりに納得できるのである。あえて「平成の政治」に、「昭和の政治」の側が伝えている河野の言も以下に引用しておく。

「アメリカは同盟国である韓国と日本の関係が安定的であってほしいと繰り返し求めているが、日本の首相をはじめとするタカ派と、民主化された韓国が、本心から安定的な関係を築くことは難しい。中国との関係においても、靖国参拝などで不必要に刺激することをアメリカが望んでいないことは明らかである。国際関係のなかで火種を自らつくっていく行動は無意味なばかりでなく有害であり、安全保障には冷静さと合理性が求められるからである」

平成の日本社会にあって、いわばごく常識的な見解がここには詰まっている。河野の指摘するごとく、「火種を自らつくっていく行動」はしょせんは一国ナショナリズムの歪みの反映である。そのことを私たちは改めて知る――それが平成の教訓ということになるのであろう。日本の基本的なナショナリズムのあり方は、この点にあってはいけないというのが国民的な理解というべきであろう。

深刻な時代の胎動

歴史を見直すという名目の歴史修正主義は、大方がこの「火種を自らつくっていく行動」ということになるのだろう。加えて平成の半ばからはインターネットが一般化し、情報・知識が手軽に手に入るようになった。このことは簡易性という点では大きなメリットを得たことになるのだが、同時に二つの特徴を有し、それが国民生活そのものへ影響を与えることにもなっている。

そのひとつは、これまでのメディアでは〈送り手〉と〈受け手〉という明確な区分があり、少なくとも送り手の新聞社、テレビ局、出版社などは発信前に情報の精査を進めることでその社会的責任を果たしてきた。しかしインターネットの時代になると誰もが送り手であり、受け手であるという形になった。これはメディアの基本的な形が崩れていくことを物語っていたのである。

もうひとつは、誰もが送り手になることにより、虚報、噂、でたらめ、さらにいえば捏造ともいうべき情報が堂々と流れるようになった。いわば「一犬虚《いっけんきょ》に吠ゆれば、万犬実《ばんけんじつ》を伝う」といった形になったのである。そのために虚報による被害者が現実にはかなり出ていて、いずれ〈報道の自由〉とのかかわりで深刻な人権問題を表出せしめることになると予想される。

インターネット時代は、メディアの構造が変化し、情報の質が著しく低下したニュースなるものが大量に撒かれるという事態になっている。私の見るところこれまでの社会の価値観が大幅に崩れていく事態にほかならない。従来の社会の常識が崩れ、まったく新しい価値観が生まれてくるといっていい。平成はそのような深刻な時代の胎動期だったと将来は語られることだろう。

私が前述のように大学で授業をもっているときに、論文を書かせると似たような答案が何枚も提出されることに驚かされた。私はインターネットに深い知識をもっていないので、当初はこのような似た答案がネットの情報からの引き写しであることは知らなかった。たぶん友人の作成した模範解答を何人かが引き写しているのだろうと思い、一人の学生を呼びだしてそのことを質《ただ》した。するとこの学生には、似たような答案をだした他の学生との間になんらの友人関係もないことがわかった。私が首をひねっていると、彼は困惑した表情で「この内容はインターネットからの引き写しです」と認めたのである。

他の学生もまたそうであった。私はどのように採点すべきか迷ったほどである。

あえてつけ加えれば、ウィキペディアには私の略歴や経歴なるものが書かれている。私は札幌出身なのだが、その周辺の村の生まれでそこから小学校に通ったとあり、そのほか幾つもの事実誤認が書かれてあることを知った。行ったこともない地での小学校から、生まれた地域の違いを含めて、まったく偽りの経歴が書かれていた。とくに直すつもりはなく、一方的にこう書くのであれば、それはそれでいいではないかというのが私の考えであった。

私の親しい編集者の中には、このようなインターネット情報を常に見ていて、ときに「保阪さんは極左と言われていますよ」と言って、匿名掲示板の情報を教えてくれる。その一方で、「こちらには極右と罵倒している者もいます」と教えてくれる。私はそれが面白くてその編集者に会うたびに、インターネットでの「評判」を確かめている。その編集者は、作家や評論家などにあれこれ難癖をつけているネットでの発信者を追跡調査していると言っていたが、大体は社会的に不満をもつ歪んだ人物だとわかり、具体的に何人かの経歴を口にしたのには驚いた。ネット社会は匿名性があるように見えて、そうではないルートがあると知らされて改めて愕然とした。

日本は「右傾化」したのか

平成の半ば、あるいは二十年ごろからだろうか、いわゆる右派系の雑誌（たとえば『WiLL』などだが）が一定の部数を誇っていると話題になった。反左翼、反リベラリズム、いわば安倍政権の応援団のような雑誌といっていいのだが、そのような雑誌に一定の読者がついているというのであった。私はこの傾向の雑誌編集部やそれに対峙するリベラル系の雑誌編集部とも特別の関係をもっているわけではないので、その対立状況やくわしい業界地図などにも精通していない。それを前提にいうのだが、「日本社会は右傾化している」といった表現がよくされるようになった。私はこの言葉を聞いた折に、なるほどなあとうなずいた。そういう楽な言葉を用いれば事は足りるとの思いがしたからだ。

前述の河野洋平の表現の中に、まさにリベラル派の真骨頂があり、その立場から見ると、

「大東亜戦争は正しかった」「日本だけがあの戦争に対して批判されるいわれはない」「南京虐殺はなかった」「憲法改正、国防軍をもて」「中国、韓国を非難しつくせ」といった論を平気で口にしたり、記事を書いたりする雑誌は「右傾化」そのものであり、全き批判すべき論であることは間違いない。

私も安倍政権を批判するときには、その種の語に合致するような見解を口にしたり、実際にそう書いた（もっとも、右傾化といった類の言葉は使わないが）。しかしよく考えるとこの「右傾化」という語を用いることは次のような構図を前提にしているとわかると、そのような紋切り型の批判だけでは通用しないのではとの思いに至るのだ。そこで私が辿り着いた結論を以下に記しておこう。

〈昭和から平成初期の時代、そこには保守と革新の二元論的な対立があった。それが実質的に崩れていくのが、いわば日本社会が右傾化していく時と重なり合う。右傾化というのはかつての革新の側にいた人たちが見る社会分析であり、それはさらに「極右、右翼、保守、リベラル、共産主義」といった分け方につながっている。かつての革新はリベラルに吸収されているかというと必ずしもそうではなく、右翼、保守に傾いて革新の方向を模索している者とて存在する。かつての保守は良質な保守と大日本帝国回帰型の極右路線にま

で分裂している。リベラルはかつての革新の人たちを総称する構図になっているのではないか〉

これが私の見立てなのだが、日本社会の右傾化は極右路線が現実の権力を握っているために、保守や右翼の一部の者からも批判される形になっているといったところであろうか。あえてつけ加えておくと私は、この構図の中では保守リベラルといった側に立ちたいと考えている（もっとも、この語はきわめて乱暴であることは承知の上でのことなのだが）。

ジャーナリストの青木理が著した『日本会議の正体』（平凡社新書）は、今の日本社会には草の根右派組織ともいうべき「日本会議」が巧みに社会の各層に入りこんで、日本の右傾化が進んでいると分析する。青木はこの書の中で、外国メディアはこの団体について平成二十年代半ばから精力的に報道を続けているとして、幾つかの論調を紹介している。アメリカのCNNテレビ（二〇一五年二月二十七日のアメリカ人大学教授によるレポート）が次のように報じたという。

「安倍政権の下、自国優越主義的なナショナリズムが再燃し、極端な右派が勇気づけられ、リベラルなメディアを攻撃し、ジャーナリストや研究者を脅し、そして在日コリアンを標的とするヘイトスピーチが起きている」

そしてイギリスの有力誌『エコノミスト』は、『『日本会議』は、日本の最も強力なロビー団体のひとつとして、国粋主義的かつ歴史修正的な目標を掲げている。西洋の植民地主義から東アジアを〝解放〟した日本を讃え、再軍備をし、左翼の教師に洗脳された生徒に愛国心を植えつけ、戦前の古き良き時代のように天皇を敬う――。日本会議の支持者たちは、戦後における米国の占領が民主主義をもたらしたと認めず、占領とそこから生まれたリベラルな憲法が日本を弱体化させたと言う」と報じていることを伝える。

青木のこの書における分析は、保守と革新の対立の図式を利用しつつ書かれているだけに、日本会議は極右組織といった視点が浮かびあがってくる。だが改めていうまでもないが、保守・革新の対立図式が崩れるや、この視点にすぐに辿り着くという点では日本社会の変化が常に直線的であり、それが意外なほどに短時間に行われるといえる。青木の筆は貴重な教訓を伝えている。

こうした日本会議の活動に呼応するように、「新しい歴史教科書をつくる会」が、児童、生徒が用いる歴史教科書が左傾化しているとの名目で、自ら教科書をつくり、教科書戦争に参加しているという。いわば国家主義的な内容なのだろうが、この組織自体が分裂していて、今は彼らのつくる教科書の採択率も決して高くなく、影響力はそれほどでもないという。しかし日本社会をして国家主義的な方向に進ませようとの試みそれ自体は、今なお意気軒昂というのだから、かつての保守や革新の一部勢力の動向を、今後も見逃すわけにはいかないという意味にもなろう。

終章

平成の終焉から次代へ

2019年１月、平成最後の一般参賀に臨まれる天皇、皇后両陛下と皇太子ご夫妻

「おことば」に加えられた能動的な表現

天皇、皇后ご夫妻と国民との回路とはどのような状態を指すのか。その一例は、平成三十年（二〇一八）一月二日の新年参賀などに見ることができる。この日の参賀は、平成に入ってもっとも多いおよそ十二万六千七百人余りに及んだ。前年よりは三万人ほど増えたというのである。こうした現実は、平成の天皇が呼びかけられている「国民とともに歩みたい」、あるいは国民との絆を強めていくといった方向が具体的に受けいれられているということではないか。宮内記者会の新聞記者によると、この年は例年とは違った顔ぶれ、たとえば参賀に訪れたこともないであろう会社役員といったタイプや研究者、大学教授のような人たちの姿も見えたというのである。

天皇は新年にあたり、短い「おことば」を述べられた。文章にすると百字足らずである。以下のような内容である。

「新年おめでとう。皆さんと共に新年を祝うことを誠に喜ばしく思います。本年が少しでも多くの人にとり、穏やかで心豊かな年となるよう願っています。年の始めに当たり、我が国と世界の人々の幸せを祈ります」

これは前年の「おことば」とほとんど同じである。あえて以下に記しておこう。

「新年おめでとう。皆さんと共にこの日を祝うことを誠に喜ばしく思います。本年が人々にとり、おだやかで心豊かに過ごせる年となるよう願っています。年頭に当たり、我が国と世界の人々の平安を祈ります」

読み比べるとわかるが、「本年が」のあとに二〇一八年は「少しでも多くの人にとり」という語が挿入されていること、「世界の人々の平安」が「世界の人々の幸せ」となっていたこと、の二ヵ所が違っている。ちなみに二〇一六年は二〇一七年とほぼ同じなので、天皇としては新たに「多くの人にとり」という語を用い、「平安」ではなく「幸せ」という語に時代のあり方を仮託したといえようか。これまで語ってきたように、天皇の「おことば」は、大体が四百字とか六百字、あるいは千字といった枠内にあり、饒舌にその心境を語らない。厳選されたひとつひとつの語の中に哲学や理念があるように感じられる。それを読み解いて、そのお気持ちを考えてみることも重要だと思う。

あえて、私の見方を示しておくならば、「少しでも多くの人にとり」という語が入ることは、ただ漠然と「人々」といって国際社会や日本の国民を指すのではなく、まだまだ現代社会には「穏やかで心豊かな年」を送ることができない人たちが存在するという前提での「おことば」だとわかる。一般的に「人々」と抽象化するのではなく、「人々」を具体化することによって、まだ恵まれない人たちのことを考えなければならない、と訴えているのである。

もうひとつの「幸せ」とは、単に「安寧」という状態を指すのではなく、幸福感を実現できる時代を世界の人々とわが国の国民が味わえるよう祈っている、との意味に解することができる。

二つの表現がさりげなく加わるか、言いかえられているのだが、ここに共通するのは受け身ではなく、むしろ能動的な表現といっていいように思う。

いうまでもなく平成三十一年（二〇一九）の天皇の代替わりは、二つの側面を持っている。近現代史の中では初めてのことといっていいわけだが、その二つとは次の点である。

（一）崩御・即位といった形での代替わりではない。
（二）新たな天皇像はいかなる形になっていくのか。

この二つの光景が二〇一八年の参賀の光景からは浮かんでくる。（一）についていえば、たとえば孝明天皇の崩御から二ヵ月後の慶応三年（一八六七）二月二十七日になって喪の期間が明けた。このころは喪の期間は二ヵ月とされていたのだが、『明治天皇紀』によると、「今日より年始並びに践祚《せんそ》後の拝賀を受けたまふ」とあり、この日からこの年の始まりの儀式を行ったとある。この期間、明治天皇はまだ十五歳の少年だったのだが、喪の間は枕辺に孝明天皇が立つという夢を何度も見ている。先帝の崩御の悲しみに耐えながら、天皇としての公務を果たしていくのである。

新しい天皇制確立の機運

大正天皇が崩御したのは、大正十五年（一九二六）十二月二十五日であった。この二週間ほど前から容体がすぐれず、崩御は時間の問題とされていた（一説によれば、実際には十二月十六日の段階で崩御していたとの見方もある）。その間に践祚の儀式を初め、多くの儀式の調整が行われていたというのだ。当時摂政宮であった皇太子が践祚を行って昭和天皇となったのは、十二月二十五日の午前三時三十分であった。

皇太子は先帝の死という悲しみとともに、践祚の儀式（剣璽渡御《けんじとぎょ》の儀）を行って百二十四代の天皇に即位している。

悲しみとはまったく別の形での厳格な儀式は苛酷である。これは二〇一六年八月に平成の天皇がいみじくもビデオメッセージで明かしたように、「家族」にとっては辛い出来事でもあったのである。一般的な言い方になるが、「非人間的」といってもよかった。悲しむことさえ充分にできないというのは、皇族にとっては辛いだけでなく、感情の持って行き場のないほど残酷なことといってもよかった。

今回の代替わりには、それがない。つまり悲しみとともに厳粛な儀式があるわけではない。生前譲位というのは、どれほど天皇ご一家にとっては心が落ち着くことだろうか。この落ち着きが今回の代替わりにはどういう形になって表れるのか、そのことを私たちは見ておくべきであろう。そして社会の空気は、どう変化していくだろうか。

昭和天皇の崩御に至るまでの半年間、メディアは天皇の体温や血圧、それに下血の様子などを執拗に報道し続けた。それは、天皇の闘病という姿を詳細に報じているかのように見えながら、その実きわめて無神経で、その存在を傷つけているのではないかと思えるほどであった。社会全体に沈滞が生まれた。平成の天皇がビデオメッセージで明かしたように、社会のエネルギーを奪ってしまうとの見方もできた。

そういう状態が避けられ、平成の天皇から次の天皇への譲位は「歓迎一色」といった形で埋め尽くされる。それが新しい天皇制確立の機運を促すであろう。

先帝との関係性でつくられる新たな天皇像

次いで、新たな天皇像はいかなる形になるのだろうか、という点である。それぞれの天皇は、体系だっていたり、あるいはいなかったりとの違いはあるにしても、帝王学かそれに類する君主としての特別教育を受けられている。その要諦は、君主という立場を自覚するとともに、自らもどのような天皇になるか、自身でその姿をイメージしていかなければならない。平成の天皇のように、何の目標も具体像も示されないときに、自らの力でその姿をつくっていかなければならない時代もある。明治、大正、昭和のそれぞれの天皇にしても、先帝の姿を見つめながら自らの天皇像を確立するために日々考えてきたことになる。第百二十六代の天皇になる皇太子徳仁《なるひと》親王はその像をつくっていかなければならない。それは先帝との関係性の中でつくられていくように思う。

平成十年（一九九八）十二月十八日に行われた平成の天皇の誕生日を前にしての記者会見で、記者団と次のようなやりとりがあった。

「御在位十年という節目の年を迎えるに際し、昭和天皇について何か思いを深められましたか」
「昭和天皇のことはいつも深く念頭に置き、私も、このような時には『昭和天皇はどう考えていらっしゃるだろうか』というようなことを考えながら、天皇の務めを果たしております。（中略）天皇になってから、昭和天皇のお気持ちが分かったというようなものもあります」

この発言は何を意味しているのだろうか。容易に何点か思い浮かぶ。あえて二点についてで触れるなら、「先帝はもっとも身近にいる天皇像をつくるときの教師であり、助言者であること」。

そしてもう一点は、「先帝の立場を客観的に見つめる目からしだいに主観的に見つめる目に移行すること」がわかる。平成の天皇は自らの象徴天皇像をつくっていく過程で、先帝の苦労やその置かれた立場に深い理解を持つことができたと正直に明かした。

皇太子殿下は二〇一九年五月一日に即位されるわけだが、その即位にあたってはこれまでの悲しみを共にしてという形ではない。そのことは新天皇の精神的な負担をどれだけ軽減することになるか、が窺える。そして皇太子自身がつくりあげていく天皇像は、先帝を参考にしながら、ときに先帝の天皇像との葛藤を続けつつ生み出されていくと思えるのである。

皇太子は二〇一七年二月二十一日にご自身の誕生日を前にしての記者会見で、天皇のビデオメッセージについての感想、あるいは自らの考えを確かめられたときに丁寧に答えられている。そこには次の一節があった。

「天皇陛下には、御即位以来、長年にわたり象徴天皇としてのお務めを果たされる中で、そのあるべき姿について真摯に模索してこられました。(中略)私といたしましては、陛下のお考えを真摯に重く受け止めますとともに、今後私自身が活動していくのに当たって、常に心にとどめつつ務めに取り組んでまいりたいと思います」

そのうえで象徴天皇については、「憲法の規定に思いを致して、国民と苦楽を共にしながら、国民の幸せを願い、象徴とはどうあるべきか、その望ましい在り方を求め続けるということが大切であると思います」とも答えている。

こうした発言を踏まえると、平成の天皇が歩む象徴天皇という道筋をたどりながら、自身の考えるイメージを付加しつつ新しい像をつくっていく、とのお気持ちが明らかになっている。

前述の二点(悲しみを伴わない即位、自らの天皇像をつくっていく)は、平成という時代の最後にある落ち着きを与えた。平成の天皇が上皇となり、皇后が上皇后となるのは、平成の天皇と同時代を共有した者には、ともすれば「天皇」のイメージを次代に重ね合わせることが難しく、そこに「天皇の二重構造」のような形が生まれるのではないか、との懸念もある。二〇一八年一月二日の一般参賀における平成の天皇の短い「おことば」の中に盛られているのはそれを防ぐ呼びかけなのかもしれない。私のいう「おことば」の能動性とはそのことを指している。

「天皇の二重構造」をいかに防ぐか

平成三十一年(二〇一九)四月三十日に、「平成」という時代は終わる。五月一日に即位の式が行われ、皇太子は第百二十六代の天皇に即位する。平成の天皇は上皇となり、皇后は上皇后となる。

いわば天皇の国事行為は、皇太子が引き継ぐことになる。公的行為はどうなるかは、現在その細部を調整中なのであろうが、平成の天皇と皇后が戦跡を訪ねての追悼と慰霊は公的行事とされている。この公的行為を上皇と上皇后の私的行事として、今後も続けていくのか、あるいは新天皇が引き継ぐのか、そのあたりも改めて問われるだろう。しかしそのような役割分担を丁寧に行い、「おことば」の内容も新しい時代にふさわしい表現が用いられたとしても、即位からしばらくは、国民の間にも「天皇・皇后」のイメージが分散化される危険性が含まれている。前述した「天皇の二重構造」といった意味になる。

即位からしばらくはやむを得ないにしても、この二重構造はできうる限り早い機会に正していきたいというのが、皇室関係者の願いのようにも思える。この二重構造によって、天皇のアイデンティティが稀薄になるとも考えられるだけに、それを避ける準備もまた早めに必要とされているといえるだろう。

むろんこの準備は、国民の側、というよりメディアなどの報道により混乱をきたすことにもなりかねないので、この点については早めに社会で分化の意識を持っていくことが必要になろう。この二極化、あるいは二重構造によって天皇のイメージが拡散していくことは、「天皇」の持つ権威そのものが拡散することにもなりかねない。むろん昭和の戦前、戦時下のように意図的に権威と権力を束ねている存在として天皇を見る人たちには、こうした権威そのものが分散することの危機意識があるだろう。

しかし平成の天皇はこれまでの体験から、象徴天皇の役を果たすのは皇太子自身であり、ご自身はその補佐役に徹するとのお考えをはっきり示しているように思われる。もとより皇后もまたそうである。とすれば、つまるところは国民の側がそういう枠組み（二極化とか二重構造の危険性）を意識して、天皇、皇后と上皇、上皇后の関係を冷静に見つめることが必要になるだろう。

大正末期に生まれた奇妙な空間

近現代の四代天皇の末年を見たときに、このような二重構造とまったく同じとはいえないが、似たようなケースがある。

それは大正十年十一月に皇族会議によって天皇に代わって摂政をおくことになったケースである。このとき摂政に就いたのは、まだ二十歳になったばかりの皇太子（昭和天皇）であった。大正天皇は御用邸で病の療養にあたることになったのだが、この大正十年十一月から十五年十二月に崩御するまでの間の五年間は、近現代史の中でも微妙な空間であった。

つまり「天皇は存在するけれど、天皇はいない」という状況だったのである。真の二極化、二重構造の形式になっていたといっていいであろう。改めて年譜を見るとわかるのだが、この五年間は明治から昭和二十年八月までの大日本帝国憲法下の時間とは、まったく別空間だったと気づく。大日本帝国は、この期間にもうひとつ別な形の歴史を刻んだといってもいい。

大まかにこの期間を語るならば、三つの特徴があったと言えるのではないか。それを列記してみよう。

（一）軍事がまったく動いていない。
（二）民権思想、人道主義などが前面に出てくる。
（三）関東大震災による退廃ムード。

この三点が、「天皇は存在するけれど、天皇はいない」という空間の特徴といえるように思う。このほかにあえてつけ加えるならば、官僚、軍人、それに政治家たちの間に、忠誠心の対象を失ったがゆえのかなりの混乱も見られたことだ。むろんこのことは、天皇についてもいえるわけで、摂政宮は自分が実際は天皇であっても、名目上は天皇ではないとの立場に立たなくてはならない。その心理的、社会的負担も相当強かったのではないかと想像できる。

そこであえて前出の三点をスケッチしておくことにしたい。

（一）についていうなら、天皇は軍事上の大権を持つ大元帥である。軍事最終責任者である。一兵を動かすにも天皇の允裁《いんさい》が求められる。しかしその大権を持つ者がまったくいない。ならば摂政宮に允裁をもらえばいいと考えがちだが、ところが将来天皇に即位したときには大元帥になるにせよ、摂政時代にはまだ中佐か大佐である。これでは将官クラスは允裁をもらうわけにはいかない。それで軍部はこの五年間にただの一兵たりとも動かしていない（関東大震災のときは戒厳令が布《し》かれ、兵は動いている。しかし通常の出兵とは異なる）。これはこの五年間の特徴であった。

このように摂政という地位は、たとえ皇太子が就いたとしても「天皇」とはまったく同格で国の主権者としてふるまっていいとの説や、皇太子という限定された立場の摂政であるから允裁はできないとの説など、その見解も多種多様に分かれる。さしあたり軍事指導者たちは、憲法上限定された立場での天皇と見ていて、そのような御名御璽は求めないという側に立ったのであった。

昭和天皇が皇太子として摂政の地位にあったとき、むしろ軍部は軍縮（一般には宇垣軍縮）を行い、軍部の贅肉取りも行っている。昭和天皇の摂政時代、軍部は「おとなしかった」というのである。このことは昭和二年に入ってからの年譜を見ていくとわかるのだが、昭和二年、三年と相次いで中国の山東省に兵を送り、蔣介石政府が中国統一を進めようとしているのを妨害している。

さらに同三年には張作霖の爆殺事件も起こしている。それまでおとなしかった「大正」が「昭和」に入ると急に暴れ出した感がするほどである。こうした天皇のイメージが広がっているときは、国民の思想的な振幅も激しいというべきかもしれなかった。

関東大震災から広がった虚無感

大正末期の五年間、軍部はまったく表に出てこなかったためか、国民の間には「軍事に対する正直な反応」が表れている。なにより軍人が嫌いだという庶民の本音が具体的に表れていた。大正十一年、十二年の新聞を仔細に読んでいくと、「軍縮の声が大きくなっていて軍人たちは一様に不安である」とか「(言うことを聞かない子どもに) 今に軍人にするぞ」といって叱る話、軍服を着たまま電車に乗ると「臭いからあっちへ行け」と言われたりしたエピソードがある。こうした庶民の反応は、前述の(二)の反映でもある。民権思想や人道主義にもとづいて軍事に対して、庶民は素朴な怒りを示したのである。

こういう風潮に対して、むろん軍人は不満を持つ。現実に陸軍幼年学校や陸軍士官学校からは中退者も増えている。私も陸士三十四期や三十五期の軍人たちを取材した折に、このころには一様に士官学校を中退しようかと一度ならず二度三度悩んだというのである。

この五年間は、軍部は「大元帥」が存在しないために、政治や経済、それに各界に軍事的圧力をかける手段を持っていない。軍人たちは天皇の名をいかに利用したかを結果的に裏づけることになるのだが、吉野作造の民本思想、それに白樺派の文学者たちがこの時代にどれほど影響を持ったかの背景が図らずも裏づけられている。

あえてつけ加えておけば、近現代の軍部は天皇の名を利用して巧妙な形で庶民に威圧をかけたことがわかる。大正末年の五年間、それがなかったことが裏づけられる。軍事に距離を置こうとした大正天皇や摂政宮としての皇太子は、改めてそのような事実を私たちに教えている。前述の三点のうちの（二）について、私は今なお近現代の天皇研究の欠落になっていると思うが、こうした事実を率直に踏まえたうえでの検証は必要となるであろう。

また、この五年間のなかで「関東大震災」が起こっている。大正十二年（一九二三）九月一日である。この関東大震災によって、庶民の感情は屈折していったと私は見ていて、その屈折については災害史観という語で語ってきた。「虚無感の広がり」と「情報閉鎖集団の虐殺行為」という二点だが、これらの二つの現実は、直接には天皇が存在していても、現実にはいないという形骸化から生み出されたというわけではない。

この五年間の中で国民意識が混乱し、そして恐怖に陥っての災害史観という語から窺える行動は、アイデンティティの欠如ということになるであろう。軍が利用していた天皇とはまったく別の天皇像がこの期間に現れていたら、災害史観と称せられる現実は生まれなかったかもしれないと、私には思える。

貞明皇后の被災地巡り

関東大震災の被災地を訪ねて、被災者を慰めたのは貞明皇后であった。大正天皇は日光の御用邸で療養中のために動けなかった。代わってその役を引き受けたのが貞明皇后である。むろん摂政宮も東京市内を巡幸した形をとっているが、馬に乗り、護衛の者を連れての慰問である。これは天皇が東京市内を歩くという形をとって、治安は安定していると軍部が国民に教えたためである。

貞明皇后は夏の簡素な服装のまま、被災地のすべてを回った。九月はそのために時間を費やしている。このとき九月といえども寒気が襲ってくるために、宮内省では「毛皮のオーバーを」と勧めたが、貞明皇后は、「寒空に災害を受けた人がいるというのに、どうして自分ひとりがそういう格好ができるであろうか」と涙ながらにはねつけたというエピソードが残っている。

平成の天皇と皇后の被災地への慰問は、こうした貞明皇后のエピソードと重ね合わせることもできる。貞明皇后は、大正天皇の病の看病にたずさわるだけでなく、率先してこのような役を引き受けていた。天皇は存在するけれど天皇はいない、ということの二重構造で独自の役割を果たしていたのは貞明皇后ということもできた。

この五年間に宮内省で重きをなしていたのは元老の西園寺公望であり、宮内大臣の牧野伸顕であった。そして東宮大夫の珍田捨巳らが、摂政宮がどのような天皇になるか、その天皇への道程、具体像をご自身でどう導いていくかを、日々見つめていた。この三人はいずれも外交官の体験を持ち、それぞれ外国語に堪能であり、摂政宮には最も頼りになる存在だったのである。

しかもこの三人は、日本の皇室は英国流の王室と同じ道を歩むべきだと考えて、この五年間の摂政宮の新しい天皇像を確立するための助言役を務めていた。ただ摂政宮となってまもなくの大正十一年四月に、英国の皇太子が摂政宮の自国訪問の答礼として、日本を訪れることになった。この報道に激怒した一青年が、「摂政宮が外国の皇族と同格で交際されるのは、日本皇室の純潔を汚す」として自殺している。こういう動きに、西園寺や牧野、珍田らは将来の不安な材料とみて、眉をひそめていたのである。

天皇が二重構造の形になっていた大正末年の五年間は、以上のようなさまざまな動きが進んでいた。しかしよく検証してみると、この間の日本社会は、天皇を中心にしてどのようなバランスをとるべきかの試行錯誤の期間ということができた。

天皇を見つめる国民の目

「昭和」は四書五経のひとつ、書経から採ったとされていて、「百姓昭明《ひやくせいしようめい》協和萬邦《ばんぽう》」の文字から組み合わされたといわれている。「平成」もやはり書経から採り、「地平天成」が参考にされたという。

今回のような天皇の代替わりは近代日本にあっては初めてのことで、生前譲位であるがゆえに心理的には「崩御・即位」といった形とは一線を引いている。先帝を失う悲しみのもとで、即位の礼やら新天皇の誕生にともなう法的な枠組みを作っていくのは、確かに天皇家の人々にとっては辛く、残酷だったと思う。平成の天皇はそうしたことを家族に味わわせたくないとして、二〇一六年八月のビデオメッセージで生前譲位を訴えたとの見方も成り立つ。むしろこのことがあたっているのかもしれない。

天皇家を見つめる国民の目は、平成にはいって落ち着いてきて、そして天皇、皇后とともにつくっていく国家とはどのようなものか、その像を確かめたいとの心理もあるように思う。その関心が重要な役割を果たしているというべきである。

あとがき

　自分が生きている時代がどういう時代なのか、を確認するには幾つかの方法がある。ひとつは高齢者から丹念に聞き取りを行うのだ。つまり「現在」は「過去」の反映である。高齢者の体験の中に原因があり、それが今の結果につながっていると考えるのだ。そのほかにも歴史書を読むといった方法もあるだろう。

　私は自らの生きている時代の確認には、とくに近代日本では天皇をどのように見て分析するかといった手法があると思う。たとえば大正十年に二十代の青年だったら、明治天皇を語る大人たちの口ぶりの中に軍事に傾く勢いを見るであろう。同時にこの大正時代の軟弱さを嘆くような言を聴くであろう。ここに明治天皇と大正天皇のイメージが仮託されている。それは必ずしも二人の天皇の人格ではなく、臣下の者がいかに天皇の名の下にそれぞれの時代を動かしたかを語っている。

平成の時代に生きていて、私は何度か戦争とは距離を置いている時代との印象を持ったのだが、それは天皇の発するおことばがこれまでの天皇とは異なっているからだった。臣下の者の示した原稿とは異なり、自らの手でお書きになっているとの主体性は初めてのことであり、そのお気持ちは充分に国民に伝わってくるように思う。天皇を見ることにより「現在」がわかるというのは重要な意味を持つ。私はこの歴史観を大切にしていきたいと考えているのである。

昭和や平成に限らず明治、大正の時代も多くの教訓がのこされている。それぞれの時代に残されている教訓とはどのようなものか。むろんこの教訓とは人によって受け止め方が異なるにせよ誰もが納得する共通のものはあり得る。私は歴史的に次のような教訓があるように思う。

箇条書きにしてみよう。

(一) 戦争の時代への追悼と慰霊を重視する
(二) 国民意識が軍事への傾斜に警戒心を持つ
(三) 凶悪な社会的事件が減少、少数の事件の悪質化

（四）経済的弱者の増加と貧富の差が拡大
（五）暴力の意味が広がり、その責任が問われる

むろんこれは私の意見に過ぎないが、しかし人心の落ち着きと荒れようとは極端化しているといっていいであろう。こういう時代はいずれにしろ次の何かを予想させるというのが、私の見立てといっていい。社会的にこうした現実はひとたびマイナスに走ったら暴走する社会が生まれかねないのを自覚すべきだと思う。

明治、大正、昭和、そして平成と続いてきた百五十一年、この間をどのように分けるか、を私は考えてきた。いずれにしろ明治、大正の流れが昭和に凝縮し、その昭和が因となり、「結」としての平成がある。昭和の戦争、敗戦、占領、民主主義などの語によって日本社会は大きく変容し、形を変えざるを得なかった。

その変えた形が戦後体制であり、日本は平成という時代に心の拠り所を得たというべきであった。それが「結」だったと解釈できる。

一編のドラマを編むように、私たちの国は変化したとも言えるのだが、この変わりようを見てそこに多くの犠牲者が存するとの理解は必要でもある。新しい国家像を確立するた

めに犠牲になられた人々の思いを汲みとれるか否かが問われているといっていいであろう。果たしてその自覚があると言えるであろうか。そこに突きつけられているのは重い課題というべきである。

こう考えると、平成史は明治からの国づくりの矛盾や誤りを正してきた結果として存在することが明らかになる。明治時代の草創期、慶応三年の大政奉還に始まる近代日本は、さてこれからの日本の歩む道はどのような国なのか、の戦いに入る。各国の例を見ながら、国のあり方を模索していくわけである。

結局、日本の目指す道は当時の世界史的潮流である帝国主義の形である。この場合の帝国主義とは大英百科やフランスのラ・ルースの説明にあるように、強国が軍事力をもって力の弱い国の富を収奪し、そして文化を解体し、政治的に支配する形を指している。この時代の弱い国であった日本は、いわば先進帝国主義の国家の後を追う形での国づくりを目標としている。それが軍事主導体制であった。

その失敗がクライマックスの昭和（つまり「転」）に現れるが、同時にそれを超える新しい民主主義体制を作り上げた。いわば日本は近代百五十年の中でめまぐるしく変化し、そして平成でやっと落ち着きを取り戻したといっていいであろう。この変化の中に、私たちは自らの人生を仮託したのである。そう考えれば各人が、父親・母親の時代、祖父母の時代や曽祖父母の時代と辿ることにより、時代背景の下で先達がどのような生き方をしたかが明白になってくる。

前述したように、今生きている時代がどのような時代なのか、を見ていくのに、こういう流れを読んで自らの生きる時代を考えてみることが必要だと私は思う。

平成の次の時代は、どのような時代になるのだろうか。これとてやはり時代の流れの中で捉えてみるべきではないか。私は平成の時代にも新たな時代様相が始まっているように思う。具体的にどういうことか、ということだが、二つの見方が必要である。

一つは、新しい時代の価値観が平成以後に始まっていると見ることだ。もう一つは、すでに、たとえば大正や昭和の中で新たなドラマが始まっているのではないかといった見方である。とすれば平成はある流れを宿命的に背負いこんでいるとの見方である。

私は案外こうした見方が正しいのかとも考えている。戦後民主主義体制の現在の姿の中から「戦後」をいかに取り払っていくかが次の時代の主たるテーマになるであろう。私自身はこの点に重心を置いて、現在をみていくべきだと考えている。新しい天皇は、好むと好まざるとを問わず国際社会の中に身を置くことになるだろうと、私は予想している。同時に天皇の持つ歴史や伝統がどう変化するのか、それは国民の人生にどう反映させるかが関心事となるであろう。私は日本が科学技術の先進性に対応できるか、あるいはそのような現実にとまどい、社会が混乱状態になるのかが早晩試されるように思う。ナショナリズムがどういう形で社会的に定着するかが試されるかもしれない。新しい時代はしばらくは羅針盤のない時代になるのかもしれない。

本書は平凡社から刊行されている隔月刊誌「こころ」に連載した稿を中心に補筆、加筆して、改めて構成した。私の言わんとするのは、日本社会の中で個人が市民的意識を持つことがなにより重要だとの姿勢にある。本書刊行までに尽力いただいた新書編集部編集長金澤智之氏に感謝する。

平成三十一年二月

保阪正康

関連年表

元号（年）	昭和62	昭和63	平成元 / 昭和64
西暦（年）	1987	1988	1989
首相	中曽根康弘	竹下登（11・6〜）	
国内の出来事	4・1 国鉄が分割・民営化。JR11法人、国鉄清算事業団発足／5・3 朝日新聞阪神支局襲撃事件／5・15 通産省、ココム規制違反で東芝機械に共産圏輸出1年間禁止の処分／9・18 宮内庁、昭和天皇の腸疾患を発表。9・22 天皇陛下、宮内庁病院に入院・手術。閣議、国事行為の皇太子代行を決定／10・20 東京株式市場、ニューヨーク市場暴落を受け過去最大の下げ幅／11・6 竹下登内閣発足／11・18 日本航空、完全民営化	6・18 リクルート事件発覚／7・23 横須賀港沖で潜水艦なだしおが釣り船と衝突、30人が死亡／9・22 政府、天皇陛下の容態悪化に伴い、皇太子明仁親王に国事行為委任を決定	1・7 昭和天皇、崩御。皇太子明仁親王が新天皇に即位／1・8 平成と改元／1・9 天皇陛下、朝憲の儀で憲法遵守を表明／2・24 昭和天皇大喪の礼／3・30 女子高生コンクリート詰め殺人事
国外の出来事	10・19 ニューヨーク株式市場で株価大暴落（ブラック・マンデー）／11・29 大韓航空機、ビルマ上空で行方不明（88・1・15 逮捕された北朝鮮の金賢姫が爆破を自供）／12・8 ゴルバチョフ・ソ連書記長とレーガン米大統領がINF全廃条約調印	8・20 イラン・イラク戦争停戦／11・8 米大統領選、共和党ブッシュ（父）当選	4・15 ［中国］胡耀邦共産党前総書記が死去、各地で追悼デモ（民主化運動に発展）。5・13 学生ら天安門広場でハンスト
主な物故者	1・21 梶原一騎 2・3 高松宮宣仁親王 7・17 石原裕次郎 8・7 岸信介	1・9 宇野重吉 8・4 土光敏夫 11・14 三木武夫 12・25 大岡昇平	2・9 手塚治虫 4・27 松下幸之助 6・24 美空ひばり 11・6 松田優作

元号（年）	平成元
西暦（年）	1989
首相	宇野宗佑（6・2〜） 海部俊樹（8・9〜）
国内の出来事	件で主犯格少年2人を逮捕／**4・1** 消費税スタート／**6・2** 宇野宗佑内閣発足／**7・23** 第15回参院選で社会党躍進、自民党過半数割れ。国政選挙初の与野党逆転／**7・23** 警視庁、強制わいせつ容疑で宮崎勤を逮捕。88年8月以来幼女4人の誘拐・殺害を自供／**7・24** 宇野首相、参院選惨敗と女性問題で退陣表明／**8・9** 海部俊樹内閣発足／**9・4** 日米構造協議開始／**10・14** 田中角栄、政界引退を表明／**11・21** 総評解散、日本労働組合総連合会（連合）発足
国外の出来事	に入る。**5・20** 北京に戒厳令。**6・4** 3日深夜から未明にかけ武装部隊が天安門広場に出動、占拠する学生・市民らを武力制圧。死傷者多数（第二次天安門事件）／**6・24** 中国共産党、趙紫陽総書記を解任。後任に江沢民／**8・19** ［東独］市民約1000人がハンガリー国境を越え西側へ集団脱出。**9・10** ハンガリー、滞在東独市民へ出国許可。**9・11** 西独へ大量脱出始まる。**10・18** ホーネッカー書記長兼国家評議会議長辞任。**11・4** 東ベルリン史上最大100万人デモ。**11・9** 西独への国境開放。**11・10** ベルリンの壁崩壊。**12・1** 憲法改正。**12・3** 党指導部辞任／**10・28** ［チェコ］プラハで民主化要求デモ。**11・24** ヤケシュ書
主な物故者	**12・9** 開高健 **12・12** 田河水泡

平成2	平成元
1990	1989
	海部俊樹
1・18 本島等長崎市長が狙撃され重傷、犯人の右翼を逮捕／4・2 日米構造協議開催（6・28 最終報告で公共投資４３０兆円を米に約束）／6・29 礼宮親王・川嶋紀子さまが結婚、秋篠宮家創設／8・5 政府、対イラク経済制裁を決定／8・29 政	
2・7 〔ソ連〕共産党拡大中央委員会総会、一党独裁放棄・大統領制新設・市場経済導入などの新方針を採択。3・13 新憲法採択。3・15 初代大統領に	記長ら指導部辞任。11・29 憲法改正。12・28 連邦議会議長に「プラハの春」で失脚のドゥプチェク就任／〔ブルガリア〕11・3 ソフィアで民主化要求デモ。11・10 ジフコフ書記長兼国家評議会議長辞任。12・13 憲法改正を決定／12・2 マルタ島でブッシュとゴルバチョフが米ソ首脳会談。12・3 冷戦終結を宣言／12・17 〔ルーマニア〕ティミショアラでハンガリー系住民の反政府デモ、全土に拡大。12・22 ブカレストの民衆デモに国防軍合流、政権崩壊。12・25 チャウシェスク大統領夫妻処刑
1・20 東久邇宮稔彦王 5・3 池波正太郎 5・21 藤山寛美 5・27 高峰三枝子	

元号(年)	平成2	平成3
西暦(年)	1990	1991
首相	海部俊樹	
国内の出来事	府、多国籍軍への資金提供など中東支援策を公表。9・14 追加支援として多国籍軍に10億ドル、周辺諸国に20億ドルの経済援助を決定／10・1 東証株価、2万円台を割る。前年末から9ヵ月で半値に下落(バブル経済崩壊)／11・12 天皇陛下、即位の礼／11・22 日本国憲法下で初の大嘗祭	1・14 政府、国連の要請で湾岸難民救済に3800万ドルの援助発表。1・24 米国を中心とした多国籍軍に90億ドルの追加支援を決定／2・23 皇太子、立太子の礼／4・1 牛肉・オレンジの輸入自由化スタート／4・24 ペルシア湾岸機雷除去のための掃海艇派遣を閣議決定(4・26 掃海艇
国外の出来事	ゴルバチョフが就任／8・2 イラク軍、クウェートを侵攻・制圧、湾岸危機発生。8・6 国連安保理、イラクに対する制裁決議。8・25 国連、限定的な武力行使容認を決議／10・3 東西両ドイツ、統一／11・21 全欧安保協力会議(CSCE)、34ヵ国がパリ憲章調印。冷戦終結を公式に宣言／12・9 ポーランド大統領にワレサ連帯議長／12・25 中国共産党13期7中全会、鄧小平の改革・開放路線を確認	1・17 湾岸戦争勃発、米軍を主とする多国籍軍がイラク、クウェート内のイラク軍・施設に攻撃開始。2・24 多国籍軍、地上戦に突入。2・27 ブッシュ米大統領、クウェート解放
主な物故者	9・15 土門拳	1・29 井上靖 5・15 安倍晋太郎 8・5 本田宗一郎 10・22 春日八郎

平成3	平成4
1991	1992
海部俊樹 宮澤喜一(11・5~)	
出港、初の自衛隊海外派遣)/6・3 長崎県雲仙普賢岳の噴火で大火砕流発生、死者・行方不明者43人/6・11 野村證券、大口法人投資家への160億円の損失補塡が発覚/6・30 新学習指導要領による教科書検定で〈日の丸・君が代〉が国旗・国歌と明記/7・11 東京佐川急便の暴力団関連企業への27億円融資が発覚/7・22 野村證券会長が辞任/9・26 天皇陛下、東南アジア3ヵ国歴訪/10・14 橋本龍太郎蔵相、一連の証券・金融不祥事で辞任/11・5 宮澤喜一内閣発足	1・17 宮澤首相、従軍慰安婦問題について公式謝罪/2・15 東京地検、東京佐川急便の渡辺広康社長ら4人を逮捕/5・22 細川護熙前熊本県知事、日本新党結成/6・15 国連平和維持活動(PKO)協力法成立/7・6 政府、旧日本軍の従軍慰安婦募集関与を認め、アジア諸国に謝罪/8・21 自民党竹下派会長・金丸信、東京佐川急便・渡辺元社長からの5億円献金が判明(10・21 議員辞職)/9・17 PKO派遣部隊第1陣、カンボジアへ出発/10・23 天皇・皇后両陛下、初の訪中/10・
と戦争勝利宣言。4・3 安保理、停戦決議を採択/5・14 江青(故毛沢東夫人)、北京で自殺/7・1 ワルシャワ条約機構が解体/7・31 米ソ首脳会談で戦略兵器削減条約(START)に調印/9・6 バルト三国独立/12・8 ロシア、ウクライナ、ベラルーシの3ヵ国、独立国家共同体(CIS)創設協定に調印。12・26 ソ連最高会議、ソ連邦消滅を宣言	2・7 EC12ヵ国、欧州連合(EU)を目指すマーストリヒト条約を調印/2・8 第16回冬季五輪アルベールヴィル大会開催(~23)。日本は過去最多の7個のメダル/6・3 リオ・デ・ジャネイロで地球サミット開催。6・14「リオ宣言」採択/7・25 第25回五輪バルセロナ大会開催(~8・9)。日
	4・25 尾崎豊 5・27 長谷川町子 8・4 松本清張 8・12 中上健次 10・13 太地喜和子

元号（年）	平成4	平成5
西暦（年）	1992	1993
首相	宮澤喜一	
国内の出来事	30 大蔵省、銀行の不良債権が12兆3000億円、うち回収不能は4兆円と発表／11・5 東京佐川急便事件初公判、竹下政権誕生の際の日本皇民党による「ほめごろし」対策への関与が表面化／12・10 自民党竹下派分裂、小沢一郎元幹事長を中心とする羽田派が旗揚げ	2・17 衆院予算委員会、佐川急便事件で竹下元首相、小沢元幹事長を証人喚問／3・6 金丸信自民党前副総裁、脱税容疑で逮捕／4・8 国連選挙監視ボランティア中田厚仁、カンボジアで襲撃され死亡／4・23 天皇・皇后両陛下、沖縄を訪問。歴代初／5・4 PKO文民警察官高田晴行、カンボジアで襲撃され死亡／6・9 皇太子徳仁親王・小和田雅子さま結婚の儀／6・21 新党さきがけ結成（代表武村正義）／6・23 新生党結成（党首羽田孜、代表幹事小沢一郎）／7・12 M7・8の北海道南西沖地震で奥尻島が壊滅的被害、死者172人／7・18 第40回衆院選挙で自民党が過半数
国外の出来事	本は計22個のメダル／8・12 米、カナダ、メキシコが北米自由貿易協定（NAFTA）で合意／8・24 中国・韓国、国交回復／11・3 米大統領に民主党のクリントンが当選／12・18 韓国大統領選で民主自由党の金泳三が当選、32年ぶりの文民大統領	1・1 EC統合市場発足／1・3 米ロ首脳、第2次戦略兵器削減条約（STARTⅡ）に調印／1・10 イラク、クウェート領内に侵攻、ミサイルなどの兵器を奪取。1・13〜18 米英仏の空軍、イラク南部のミサイル基地などを爆撃。1・19 イラクが一方的に停戦／1・13 化学兵器禁止条約、130ヵ国が調印／2・17 中国政府、第2次天安門事件で逮捕・服役
主な物故者		1・22 安部公房 3・16 笠智衆 7・10 井伏鱒二 7・20 津田恒実 10・20 野村秋介 11・14 野坂参三 12・10 田中清玄 12・16 田中角栄

平成5	平成6
1993	1994
宮澤喜一 / 細川護熙（8・9〜）	羽田孜（4・28〜）
割れ、「55年体制」崩壊／7・22 宮澤首相、党分裂・総選挙結果の責任をとり退陣表明／8・6 土井たか子元社会党委員長、衆院議長に選出（女性、社会党初）／8・9 細川護熙・非自民党8党派連立内閣発足、自民党38年ぶりに政権離脱／8・23 細川首相、所信表明演説で侵略行為などへの反省とおわび／11・12 環境基本法成立／12・14 細川首相、ウルグアイ・ラウンドのコメ市場開放問題で開放受託を表明	1・29 政治改革関連4法案成立（3・4 政治改革修正法が成立、11・21 小選挙区区割り法が成立）／4・8 細川首相、佐川急便グループからの1億円借り入れ問題で辞意表明／4・11 連立与党、後継首相選びで分裂状態に／4・26 新生党など5党派が新会派〈改心〉を結成、社会党が反発して連立政権を離脱／4・28 羽田孜内閣が成立／6・10 天皇・皇后両陛下、訪米／6・27 松本サリン事件発生。住民が中毒症状を訴え8人が死亡、60人入院／6・29 自社党首会談、自民・社会・さきが
中の王丹ら2人を仮釈放。9・24 魏京生を仮釈放／3・12 北朝鮮、核拡散防止条約（NPT）から脱退を表明（6・11 米との協議で脱退回避）／3・15 中国、第8期全人代開幕、国家主席に江沢民を選出／11・1 マーストリヒト条約発効、欧州連合（EU）発足／12・15 GATT、ウルグアイ・ラウンドを採択。世界貿易機関（WTO）発足で合意	1・1 北米自由貿易協定（NAFTA）発効、欧州連合（EU）12ヵ国と欧州自由貿易連合（EFTA）5ヵ国による共同市場、欧州経済地域（EEA）発足／1・14 米ロ首脳会談、モスクワ宣言に調印／2・15 北朝鮮、IAEA（国際原子力機関）と核査察問題で合意（制裁回避）。3・14 IAEAの核査
	3・26 山口誓子／4・26 大山倍達／5・22 廣松渉／7・26 吉行淳之介／9・8 東野英治郎

元号（年） 西暦（年）	平成6 1994	平成7 1995
首相	村山富市 （6・30～）	
国内の出来事	けの連立政権樹立で合意／**6・30** 村山富市内閣発足。自民党の河野洋平総裁が副総理兼外相、さきがけの武村正義代表が蔵相に／**7・8** 女性宇宙飛行士・向井千秋、米スペースシャトルで宇宙へ／**7・20** 村山首相、自衛隊合憲を明言、日米安保体制の堅持を確認／**9・4** 関西国際空港開港／**10・13** 大江健三郎にノーベル文学賞／**12・10** 共産党を除く野党9党派が新進党を結成。党首に海部俊樹、幹事長に小沢一郎を選出	**1・17** 阪神・淡路大震災発生。午前5時46分、M7・2の直下型地震、神戸で震度7を記録。建物の倒壊や火災が相次ぎ都市機能が麻痺、死者6400人超／**2・13** 経営不振で解散した東京協和・安全の2信組から山口敏夫元労相の親族会社への総額35億円の過大融資が判明（**6・17** 証人喚問、**12・6** 逮捕）／**3・20** 地下鉄サリン事件発生。死者13人、重軽傷約5800人超。**3・22** 警視庁、逮捕監禁容疑でオウム真理教（麻原彰晃代表）の教団施設を強制捜査／**3・30** 國松孝次警察庁長
国外の出来事	察団、北朝鮮・寧辺の重要施設の査察を拒否されたと表明／**4・10** NATO、ボスニア紛争でセルビア人武装勢力を空爆／**6・10** 中国、核実験を実施（**10・7** 再実験）／**6・13** 北朝鮮、IAEAの制裁決議を受け脱退宣言／**7・8** 北朝鮮、金日成主席死去（**7・19～20** 告別式・追悼大会で金正日体制を明示）	**1・1** 世界貿易機関（WTO）発足／**5・7** 仏大統領選挙、ジャック・シラクが当選／**5・15** 中国、核実験を実施。**8・17**に再実施／**7・10** ミャンマーの軍事政権、アウンサン・スーチーを6年ぶりに解放／**8・25** 北朝鮮、大規模な水害発生を報道／**9・5** 仏、ムルロア環礁で核実験／**10・5** ボスニア・ヘ
主な物故者		**1・29** 服部四郎 **5・29** 山際淳司 **7・5** 福田赳夫 **7・18** 笹川良一 **8・30** 山口瞳 **9・15** 渡辺美智雄

平成7	平成8
1995	1996
村山富市	橋本龍太郎 （1・11〜）
官、狙撃され重傷／4・9 東京都知事選で青島幸男、大阪府知事選で横山ノックが当選／4・19 東京外為市場、1ドル＝79・75円の戦後最高値／5・16 警視庁、オウム真理教の麻原ら幹部・信者15人を殺人・同未遂容疑で逮捕／5・20 公安調査庁、オウム真理教を破壊活動防止法調査対象団体に指定／7・23 第17回参院選で新進党が躍進／8・8 村山改造内閣発足／8・15 村山内閣、〈首相の戦後50年談話〉を閣議決定／9・4 沖縄県で米兵3人が女児に暴行／9・6 坂本堤弁護士夫妻、遺体で発見／9・22 自民党総裁、橋本龍太郎が当選／9・28 大田昌秀沖縄県知事、反戦地主所有の米軍用地の更新手続きを拒否／11・9 米大リーグの野茂英雄投手がナショナル・リーグの新人王に／12・19 政府、住専処理に6850億円の財政資金投入を決定	1・5 村山首相、辞意表明／1・11 橋本龍太郎内閣発足／1・19 社会党、社会民主党に改称／2・11 大田沖縄県知事、防衛庁長官に普天間飛行場の返還を要請／2・16 菅直人厚相、薬害エイズ事件で国の責任を認め、原告に謝罪／2・23 日米首脳会談で沖縄米軍基地整理・縮小の前向き取り組
ルツェゴヴィナ、米国の調停でボスニア政府・セルビア人勢力・クロアチア人勢力の3当事者が停戦合意（10・11 停戦発効、11・21 包括和平案に合意し調印）／11・4 イスラエルのラビン首相、極右のユダヤ人青年に撃たれ死亡／11・16 韓国最高検、盧泰愚前大統領を財閥からの収賄容疑で逮捕／12・3 韓国ソウル地検、全斗煥元大統領を軍刑法違反で逮捕	1・20 パレスチナ初の自治政府議長選挙でアラファトPLO議長が圧勝／2・25 エルサレムで連続爆弾テロ、24人が死亡。3・4 テルアビブでバス爆破テロ、14人死亡／3・8
	1・7 岡本太郎 1・21 横山やすし 2・12 司馬遼太郎 2・20 武満徹 3・28 金丸信 6・10 宇野千代

元号(年)	平成8
西暦(年)	1996
首相	橋本龍太郎
国内の出来事	みで一致／**3・7** 沖縄少女暴行事件、3米兵に実刑判決／**3・12** オウム公判でTBSビデオ問題発覚／**4・12** 普天間飛行場全面返還で日米合意／**4・17** 日米安保共同宣言（安保再定義）／**5・11** 沖縄県収用委員会、政府の楚辺通信所〈緊急使用〉申し立てに不許可。**7・1** 大田県知事、〈公告・縦覧〉代行を拒否／**7・11** 公安調査庁、公安審査委員会にオウム真理教の解散を請求／**7・13** 大阪府堺市で病原性大腸菌O157による集団食中毒発生／**8・4** 新潟県巻町の住民投票、原発建設を拒否／**8・21** 大阪地検、薬害エイズ事件でミドリ十字を強制捜査。**9・19** 歴代3社長を逮捕／**9・28** 民主党結成大会。代表に鳩山由紀夫・菅直人。土井たか子衆院議長、社民党党首に就任／**10・20** 初の小選挙区比例代表並立制での総選挙。投票率59・65%で戦後最低／**11・17** 厚生省岡光序治次官に利益供与発覚。**12・4** 収賄容疑で逮捕
国外の出来事	中国人民解放軍、台湾近海でミサイル演習／**4・18** イスラエル軍がレバノンの国連基地砲撃、100人以上死亡。国連安保理、即時停止決議／**6・8** 中国、地下核実験／**7・3** エリツィン露大統領が再選／**7・19** 第26回五輪アトランタ大会開催（〜**8・4**）。日本は合計14個のメダルを獲得／**9・10** 国連総会、包括的核実験禁止条約を採択／**9・27** アフガニスタンで反政府勢力タリバンが首都カブールを制圧し暫定政府樹立／**11・5** クリントン米大統領が再選／**12・2** ミャンマーで学生デモが続く。**12・9** 軍政、アウンサン・スーチーを外出禁止／**12・17** ペルーの日本大使公邸人質事件、極左ゲリラ「トゥパク・アマル
主な物故者	**7・9** 大塚久雄 **8・4** 渥美清 **9・23** 藤子・F・不二雄 **9・29** 遠藤周作

革命運動」が約６００人を監禁。12・20以降、断続的に解放

平成9

1997

橋本龍太郎

3・11 茨城県東海村の動力炉・核燃料開発事業団施設で爆発事故／3・14 野村證券、総会屋利益供与事件で社長辞任（5・30 逮捕）／4・1 消費税率5％へ引き上げ／4・25 大蔵省、経営難の日産生命に業務停止命令。6・26 あおば生命に業務移行／5・15 第一勧業銀行利益供与事件で総会屋小池隆一逮捕。6・10 頭取逮捕。6・29 元会長自殺／6・6 包括的核実験禁止条約、国会承認／6・17 臓器移植法成立。10・16 施行／6・28 兵庫県警、神戸連続児童殺傷事件で14歳の少年を逮捕／8・11 山一證券利益供与事件で役員退陣（9・24 前社長逮捕）／9・18 ヤオハンジャパン倒産／9・23 日米安全保障協議会で日米防衛協力のための指針を決定／11・3 三洋証券倒産／11・17 北海道拓殖銀行経営破綻。都市銀行初で日銀特別融資／11・24 山一證券、大蔵省に自主廃業を申請／12・11 温室効果ガス排出削減目標を盛り込んだ京都議定書採択／12・17 介護保険法公布

2・12 北朝鮮労働党書記、黄長燁が北京の韓国大使館に亡命／2・19 中国最高実力者鄧小平死去／4・22 ペルーの日本大使公邸人質事件で軍特殊部隊が突入、ゲリラ14人を射殺／4・29 化学兵器禁止条約発効／5・1 英下院総選挙で労働党が圧勝、18年ぶりに政権奪回。T・ブレアが首相に／6・20 デンバー・サミット開催。ロシアが正式メンバーに／7・1 イギリスが中国に香港返還／10・8 北朝鮮労働党総書記に金正日が就任／10・27 香港株式市場急落で世界同時株安／11・20 イラク、国連の大量破壊兵器査察受け入れ／12・18 韓国大統領選で金大中が当選。韓国史上初の政権交代

1・26 藤沢周平
3・8 池田満寿夫
3・10 萬屋錦之介
6・16 住井すゑ
6・21 勝新太郎
8・1 永山則夫
12・20 伊丹十三
12・24 三船敏郎
12・30 星新一

元号（年）	平成10
西暦（年）	1998
首相	橋本龍太郎／小渕恵三（7・30〜）
国内の出来事	1・6 自由党発足、党首小沢一郎／1・23 国民の声、太陽党、フロムファイブが民政党結成。代表羽田孜／2・7 第18回冬季五輪長野大会開幕（〜22）。日本は計10個のメダルを獲得／2・18 日興証券利益供与事件で新井将敬衆院議員の逮捕状請求（2・19 新井議員自殺）／3・19 特定非営利活動促進法（NPO法）成立／4・27 民主党に民政党、新党友愛、民主改革連合が参加。代表菅直人、幹事長羽田孜／6・1 社会民主党、新党さきがけが閣外協力解消、自民党単独政権に／6・22 金融監督庁発足／7・12 第18回参院選で自民党惨敗、民主党・共産党が躍進。橋本首相が辞意表明／7・24 自民党総裁選で小渕恵三選出／7・25 和歌山市でヒ素カレー事件発生。4人死亡／7・30 小渕恵三内閣発足／10・7 金大中韓国大統領が来日、天皇陛下が過去の朝鮮半島支配を〈深い悲しみ〉と表現／10・12 金融機能再生緊急措置法成立／11・7 新党平和が公明党と合体。代表神崎武法／11・14 日本長期信用銀行が特別公的管理下に／11・15 沖縄県知事選で稲嶺恵一が当選、大田の三選を阻む／12・17 日本債券信用銀行が特別
国外の出来事	2・25 金大中、韓国大統領に就任／3・17 中国新首相に朱鎔基就任／4・10 北アイルランド紛争平和交渉合意／5・2 欧州連合（EU）首脳会議、99年1月の単一通貨〈ユーロ〉への統合を決定（11ヵ国が参加）／5・11 インド、地下核実験を強行／8・31 北朝鮮がミサイル〈テポドン〉1号を発射。日本上空を超えて三陸沖に着弾／9・27 ドイツ総選挙で社会民主党が政権奪取。10・27 ドイツ首相にシュレーダー当選／12・16 米英、国連の査察拒否でイラクを制裁爆撃
主な物故者	1・28 石ノ森章太郎 5・19 宇野宗佑 9・5 堀田善衛 9・6 黒澤明 10・12 佐多稲子 11・11 淀川長治 11・30 横井英樹

平成11
1999
小渕恵三
公的管理下に／12・15 金融再生委員会発足
1・14 自民党と自由党が連立（自自連立）／3・12 金融再生委員会、大手銀行15行に総額7兆4592億円の公的資金投入を承認／3・27 日産自動車が仏ルノーと資本提携調印。カルロス・ゴーンが最高執行責任者に就任／4・13 則定衛東京高検検事長が不倫問題で辞職／5・7 情報公開法成立／5・24 周辺事態法などの新ガイドライン関連3法成立／7・29 改正国会法成立。2000年から両院に憲法調査会設置／8・9 国旗・国歌法成立／8・12 改正住民基本台帳法成立。通信傍受法など組織犯罪対策3法成立／9・25 民主党代表選で鳩山由紀夫当選／9・30 茨城県東海村の核燃料加工会社JCOの施設で臨界事故発生。被曝者230人／10・5 公明党が自民党・自由党の連立に参加、自自公連立で小渕内閣改造／12・23 沖縄県名護市議会、普天間基地の代替施設受け入れ決議
1・1 単一通貨ユーロ誕生／3・1 対人地雷全面禁止条約発効／3・12 ポーランド、チェコ、ハンガリーがNATO加盟文書に調印。NATO19ヵ国体制に／3・24 NATO軍、ユーゴスラビア・コソボ自治州の独立紛争で空爆（コソボ紛争）。6・10 停戦成立／4・11 インド、中距離弾道ミサイル発射実験／4・30 カンボジア、ASEANに加盟／6・15 黄海の韓国領内に侵入した北朝鮮艦艇と韓国側が銃撃戦／7・11 インド・パキスタン、カシミール紛争の停戦に合意／8・17 トルコ大地震で死者約1万8000人／8・30 インドネシア、東ティモールの独立を問う住民投票で独立派圧勝。10・19 国民協議会が東ティモール併合
1・25 三木のり平 1・31 ジャイアント馬場 3・27 沖田浩之 5・4 長洲一二 5・6 東山魁夷 7・21 江藤淳 10・3 盛田昭夫 11・3 佐治敬三

元号（年）	平成11	平成12
西暦（年）	1999	2000
首相	小渕恵三	森喜朗 （4・5～）
国内の出来事		1・27 大手商工ローンの日栄、悪質取り立てで業務停止命令／1・28 新潟県で行方不明女性（19歳）を9年2ヵ月ぶりに保護（2・11 監禁していた男を逮捕）／4・1 介護保険制度スタート／4・3 連立政権離脱問題で自由党分裂、連立残留派が保守党結成。党首扇千景／4・4 小渕首相が脳梗塞で昏睡状態、青木幹雄首相臨時代理により内閣総辞職／4・5 自民党、森喜朗を総裁に選出、公明党・保守党と連立で森喜朗内閣発足／4・6 携帯電話の台数、5000万台を超える／5・3 17歳少年が九州自動車道で西鉄高速バスを乗っ取り、乗客1名を刺殺／5・14 森首相、「日本は神の国」発言／5・18 ストーカー規制法成立／6・16 皇太后（香淳皇后）死去／7・1 金融庁発足／7・2 雪印乳業の牛乳による食中毒で営業
国外の出来事	を無効と決議、独立承認／12・20 ポルトガル、中国にマカオを返還／12・31 エリツィン露大統領辞任表明、後任にプーチン首相を指名	3・18 台湾総選挙、野党民主進歩党の陳水扁が当選。初の政権交代／3・26 ロシア大統領選でプーチンが当選／6・13 韓国の金大中大統領が北朝鮮訪問。金正日労働党総書記と初の南北首脳会談／9・15 第27回五輪シドニー大会開催（～10・1）。日本は計18個のメダルを獲得／9・24 ユーゴスラビア大統領選で混乱（10・2 ゼネスト・抗議デモ拡大。10・6 ミロシェビッチ大統領辞任表明）／11・7 米大統領選挙、共和党ブッシュ候補と民主党
主な物故者		2・9 荒井注 4・22 武谷三男 5・14 三浦洋一 6・19 竹下登 10・12 ミヤコ蝶々 12・5 鈴木その子

平成12	平成13
2000	2001
森喜朗	小泉純一郎（4・26～）
停止処分／7・12 大手百貨店そごうグループ、民事再生法の適用を申請／7・21 沖縄サミット（名護市、～23）／8・11 日銀が1年半ぶりにゼロ金利政策解除／8・18 伊豆諸島三宅島の雄山大噴火。9・4 三宅村住民全員が島外避難／10・10 白川英樹、ノーベル化学賞／12・8 改正少年法施行。刑事罰対象年齢が14歳からに／12・31 世田谷一家殺人事件	1・6 中央省庁再編。1府12省庁に／2・9 ハワイ沖で愛媛県立宇和島水産高校実習船が米原潜に衝突され沈没。9人死亡／4・3 「新しい歴史教科書をつくる会」の中学歴史・公民が教科書検定で合格／4・24 自民党総裁選で小泉純一郎が圧勝／4・26 公明党・保守党との3党連立で小泉純一郎内閣発足。外相に田中真紀子／5・11 熊本地裁、ハンセン病国家賠償訴訟で〈立法の不作為〉を指摘、原告全面勝訴判決（5・23 政府、控訴を断念）／6・8 大阪教育大附属池田小学校に男が乱入、児童8人を刺殺／7・29 第19回参院選で与党3党過半数確保。比例区で非拘束名簿式を導入／8・13 小泉首相、靖国神社に参拝／9・17 保守党の扇千景党首辞任、後任に野田毅／9・21
ゴア候補がフロリダ州で大接戦。12・13 連邦最高裁判決でブッシュの勝利確定	1・20 ブッシュ、米大統領就任／3・2 アフガニスタンの実効支配勢力タリバン、バーミヤン大仏を破壊／9・11 米で同時多発テロ発生。日本人24人を含む3000人以上が死亡。9・15 米政府、アフガニスタン実効支配勢力タリバン保護下のイスラム原理主義指導者オサマ・ビンラディンのテロ組織〈アルカイダ〉の犯行と断定／10・7 米英軍などが同時多発テロ報復でアフガニスタン攻撃開始。11・13 タリバ
	3・1 久和ひとみ 3・14 井田真木子 4・14 三波春夫 5・17 團伊玖磨 7・28 山田風太郎 8・19 伊谷純一郎 9・9 相米慎二

元号(年) 西暦(年)	平成13 2001	平成14 2002
首相	小泉純一郎	
国内の出来事	日本初のＢＳＥ(牛海面状脳症)感染確認／10・10 ノーベル化学賞、野依良治に／10・29 テロ対策特別措置法成立、米の軍事行動の後方支援可能に／12・1 皇太子第一子敬宮愛子内親王誕生	1・29 外務省内紛で野上義二外務次官更迭、1・30 田中真紀子外務大臣に川口順子／3・18 加藤紘一自民党衆院議員が所得税法違反事件で離党(4・9 議員辞職)／3・28 辻元清美社民党衆院議員、秘書給与詐欺疑惑で辞職／4・21 小泉首相、靖国参拝／5・28 経団連と日経連が統合、日本経済団体連合会(日本経団連)に／5・31 サッカー第17回ワールドカップ日韓大会開催(~6・30)。ブラジル優勝、日本ベスト16／6・19 鈴木宗男衆院議員、収賄容疑で逮捕／7・6 天皇・皇后両陛下が中東欧訪問(~20)／8・5 住民基本台帳ネットワークシステム開始／8・9 田中真紀子衆院議員が公設秘書給与流用疑惑で辞職／9・17 小泉首相、初の北朝鮮訪問。金正日総書記と史上初の日朝首脳会談。北朝鮮が日本人拉致を認め謝罪、日朝平壌宣言／10・8
国外の出来事	ン勢力壊滅。12・22 カルザイ首班の暫定政権発足	1・1 単一通貨ユーロ現金流通開始／3・4 ユーゴ、コソボ暫定自治政府発足／5・20 東ティモール、インドネシアから独立。東ティモール民主共和国誕生／7・9 アフリカ統一機構がアフリカ連合(ＡＵ)へ移行／7・21 米通信会社ワールドコムが経営破綻、負債総額４１０億ドルは米史上最大／9・10 スイス、国連加盟／10・23 チェチェン共和国武装グループ、モスクワの劇場を占拠、約１７０人死亡／11・8 国連安保理、イラクの大量破壊兵器査察決議採択、11・27 査
主な物故者		3・11 古山高麗雄 5・16 柳家小さん 6・12 ナンシー関 7・18 戸川京子 10・23 山本夏彦 11・21 高円宮憲仁親王

平成14	平成15
2002	2003
小泉純一郎	
ノーベル物理学賞に小柴昌俊、化学賞に田中耕一／10.15 北朝鮮に拉致された5人の日本人が帰国／12.13 民主党の鳩山由紀夫代表辞任、代表に菅直人／12.16 米英軍後方支援活動で海上自衛隊イージス艦、インド洋に出発	1.14 小泉首相、3回目の靖国神社参拝／1.18 天皇陛下、前立腺摘出手術／3.23 宮崎駿監督の『千と千尋の神隠し』がアカデミー賞受賞／4.1 日本郵政公社発足／4.16 産業再生機構発足／4.25 六本木ヒルズ完成／5.23 個人情報保護法成立／6.6 武力攻撃事態法など有事法制3法成立／6.10 『高齢社会白書』で75歳以上の〈後期高齢者〉が1000万人突破／7.18 辻元清美前社民党衆院議員を秘書給与詐欺容疑で逮捕／7.26 イラク復興支援特別措置法成立。「非戦闘地域」への自衛隊派遣が可能に／9.20 小泉自民党総裁再選、9.21 安倍晋三幹事長／9.26 自由党解散、民主党へ合併／10.10 衆院解散／10.10 日本産トキ絶滅／11.9 第43回総選挙で与党3党が安定多数確保／11.15 社民党の土井たか子党首辞任、新党首に福島瑞穂／11.19 第2次小泉内閣成立／11.21 保守新党が解党、自民党へ吸収
察開始／12.19 韓国大統領選で盧武鉉が当選	2.4 ユーゴスラビア連邦消滅、新国家セルビア・モンテネグロへ移行／2.25 盧武鉉、韓国大統領に就任／3.15 中国国家主席に胡錦濤共産党総書記、3.16 首相に温家宝選出／3.20 イラク戦争開始。イラクの大量破壊兵器開発疑惑を根拠に米英軍がイラクを攻撃、4月に全土掌握。フセイン独裁政権崩壊／5.1 ブッシュ米大統領、戦闘終結宣言／6.1 エビアン・サミット開催(〜3)、中国首脳として初めて胡錦濤主席が出席／9.3 イラク暫定内閣発足／11.29 イラクで日本人外交官ら3人
	1.12 深作欣二 1.16 秋山庄太郎 3.14 鈴木真砂女 3.25 古尾谷雅人 4.19 桂枝雀 5.6 宜保愛子 9.5 青木雄二 12.26 白井義男

元号(年)	平成15	平成16
西暦(年)	2003	2004
首相	小泉純一郎	
国内の出来事	合併／11・29 足利銀行が債務超過で経営破綻／12・25 米で初のＢＳＥの牛発見、米産牛肉輸入全面停止	1・12 山口県で鳥インフルエンザ発生／1・16 イラク復興支援特別措置法に基づく陸上自衛隊派遣開始／1・17 共産党、党綱領全面改定、天皇制や自衛隊の当面の存続を認める／3・24 三菱ふそうトラック・バスが大型トレーラーなどの車輪欠陥でリコール届け。後に欠陥隠蔽容疑で前会長らを逮捕／4・1 営団地下鉄が東京メトロに改組／4・7 福岡地裁、首相の靖国参拝に違憲判決／5・7 国民年金未加入・保険料未納問題で福田康夫内閣官房長官が辞任。5・18 民主党の菅直人代表が辞任、後任に岡田克也／5・21 裁判員法成立。重大刑事裁判審理に国民が参加／6・1 長崎県佐世保市で小学6年女児が同級生を殺害／6・2 道路公団民営化関連法成立／6・14 有事法制7法成立、公益通報者保護法成立／6・18 イラク多国籍軍への自衛隊参加を閣議決定。6・28 イラクの自衛隊が初めて多国籍軍に参加
国外の出来事	が殺害される／12・13 イラク駐留米軍、フセイン・イラク元大統領拘束	3・29 ＮＡＴＯに旧社会主義圏7ヵ国が加盟／5・1 ＥＵに旧社会主義圏8ヵ国など10ヵ国が加盟／6・1 イラク暫定政権発足、多国籍軍駐留継続／8・13 第28回アテネ五輪開催(〜29)。日本は金16、銀9、銅12で史上最多のメダル獲得／9・19 中国共産党中央軍事委員会の江沢民主席辞任、後任に胡錦濤。胡が党、国家、軍事の三権を掌握／10・6 米政府調査団、イラクに大量破壊兵器なしと発表／12・26 スマトラ沖地震。Ｍ9・0、死者・行方不明者は23万人以上
主な物故者		3・20 いかりや長介 4・7 芦屋雁之助 5・15 三橋達也 5・19 金田一春彦 6・20 早坂茂三 6・28 野沢尚 7・19 鈴木善幸 9・8 水上勉 12・18 高松宮妃喜久子 12・26 石垣りん

平成16	平成17
2004	2005
小泉純一郎	
／**7・11** 第20回参院選で自民党不振、民主党躍進／**7・30** 日本歯科医師会からの献金事件で自民党橋本派の橋本龍太郎会長辞任／**8・13** 普天間基地の米軍ヘリ、宜野湾市の大学に墜落／**8・9** 福井県の関西電力美浜原発で蒸気漏れ事故、5人死亡／**9・27** 第2次小泉内閣改造／**10・23** 平成16年新潟県中越地震で震度7、死者68人／**11・5** あっせん収賄罪の鈴木宗男元衆院議員に東京地検が実刑判決	**2・1** 三宅島の避難指示解除／**3・25** 愛知万国博覧会開催（〜**9・25**）／**4・1** ペイオフ凍結全面解除。個人情報保護法全面施行。民間事業者にも情報保護義務／**4・25** JR福知山線脱線事故。107人死亡／**5・16** 改正出入国管理・難民認定法施行。難民審査参与員制度開始／**7・21** アスベスト（石綿）被害拡大で国が業界団体にアスベスト使用中止要請／**8・2** 衆院で戦後60年決議採択／**8・8** 参院で郵政民営化法案否決、小泉首相が衆院解散／**9・11** 第44回総選挙で自民党大勝、15年ぶりに単独過半数／**9・17** 民主党岡田克也代表辞任、新代表に前原誠二。**9・20** 新体制発足、幹事長鳩山由紀夫／**9・21** 第3次小泉内閣発
	2・16 地球温暖化防止のための京都議定書発効／**3・8** 中国の江沢民国家中央軍事委員会主席辞任、完全引退／**5・29** 仏、国民投票でEU憲法の批准否決／**6・1** オランダ、国民投票でEU憲法の批准否決／**6・17** EU首脳会議が2006年11月の憲法発効断念／**6・24** イラン大統領選で保守・強硬派のマフムード・アフマディネジャド当選／**7・7** 英ロンドン同時爆破テロで56人
	2・19 岡本喜八 **3・22** 丹下健三 **5・24** 石津謙介 **6・10** 倉橋由美子 **7・8** 串田孫一 **9・19** 後藤田正晴 中内㓛 **11・6** 本田美奈子 **11・26** 宮城音弥 **12・15** 仰木彬

元号(年)	平成17	平成18
西暦(年)	2005	2006
首相	小泉純一郎	小泉純一郎 安倍晋三(9・26〜)
国内の出来事	足、全閣僚留任／10・14 郵政民営化法成立／10・28 自民党、初の新憲法草案、「自衛軍保持」を明記／10・31 小泉内閣改造、安倍晋三官房長官、麻生太郎外相／11・24〈皇室典範に関する有識者会議〉が女性・女系天皇容認の報告書を小泉首相に提出	1・23 ライブドア堀江貴文社長ら、証券取引法違反容疑で逮捕／3・31 民主党前原誠司代表、偽メール問題で辞任、後任に小沢一郎／5・1 日米安保協議。自衛隊と米軍の連携の拡大・強化、沖縄の負担軽減／6・5 村上ファンドの村上世彰代表を証券取引法違反容疑で逮捕／6・20 小泉首相、陸上自衛隊のイラク撤収命令／7・5 北朝鮮がミサイル7発発射、日本海に着弾。日本政府、経済制裁措置発動(9・19 金融制裁発動)／7・14 日銀、ゼロ金利政策解除／8・15 小泉首相、初の終戦記念日靖国神社参拝／9・6 秋篠宮家に長男悠仁誕生／9・15 麻原彰晃死刑確定／9・20 自民党総裁に安倍晋三選出／9・26 自民党・公明党連立の安倍晋三内閣発足／9・30 公明党代表に
国外の出来事	死亡／9・18 ドイツ下院議員選挙で保守系野党連合勝利。11・22 キリスト教民主同盟メルケル党首、初の女性首相に就任。キリスト教社会同盟、社会民主党との大連立政権	1・31 ブッシュ米大統領、一般教書演説でイランに核放棄を要求／2・10 第20回冬季五輪トリノ大会開催(〜26)。荒川静香がフィギュアで金／5・2 イタリア、ベルルスコーニ首相辞任。5・17 ロマーノ・プローディ内閣発足／5・20 イラクでマリキ内閣発足／9・8 米上院情報特別委員会、イラク開戦根拠消滅の報告／10・9 北朝鮮、地下核実験実施。10・13 日本が追加制裁措置。10・14 国連安保理制裁決議／
主な物故者		2・8 伊福部昭 2・17 茨木のり子 5・30 今村昌平 7・1 橋本龍太郎 7・31 吉村昭 鶴見和子 9・24 丹波哲郎 10・30 白川静 11・23 灰谷健次郎 12・20 青島幸男

	平成19
	2007
	安倍晋三 福田康夫（9・25〜）
太田昭宏／**12・13** 貸金業法成立／**12・15** 改正教育基本法成立	**1・9** 防衛省発足／**2・17** 社会保険庁で公的年金加入記録の不備5000万件が発覚／**3・6** 北海道夕張市が財政再建団体移行、国の管理下に／**3・30** 地対空誘導弾PAC3を航空自衛隊入間基地に配備、ミサイル防衛（MD）システム始動／**4・17** 長崎市伊藤一長市長、銃撃（**4・18** 死亡）／**4・24** 全国学力テスト、43年ぶりに実施／**4・25** 2006年度貿易で中国が米を抜いて最大相手国に／**4・27** 新丸ビル開業／**5・10** 熊本市の病院で「赤ちゃんポスト」設置／**5・14** 国民投票法成立（**2010・5**施行）／**6・20** 改正刑事訴訟法成立、犯罪被害者・遺族が刑事裁判参加／**7・3** 久間章生防衛大臣が失言で辞任、後任に小池百合子／**7・16** 平成19年新潟県中越沖地震で震度6強、死者15人／**7・29** 第21回参院選で自民党歴史的敗退、民主党が参院の第一党に／**9・12** 安倍首相、辞任表明／**9・25** 福田康夫内閣発足／**10・1** 日本郵政公社分割・民営化／**11・2** テロ対策特別措置法失効、インド洋の海上自衛隊給油活動停止／**11・21** 京都大学山中伸弥教授ら、人工
12・30 イラク、フセイン元大統領死刑執行	**1・1** EUにブルガリア、ルーマニアが加盟。スロベニアがユーロを導入／**2・8** 北朝鮮の核問題6ヵ国協議開催（〜13）、共同文書採択／**2・14** 中国、経常黒字が日本を抜き世界最大に／**5・6** 仏大統領にサルコジ当選／**6・14** パレスチナ、ガザ地区をハマスが制圧、ファタハ支配のヨルダン川西岸地区と分裂／**8・9** 低信用住宅融資に起因する金融システム不安で世界同時株安（サブプライム・ショック）、米欧日の中央銀行が資金供給／**12・13** EU27ヵ国がリスボン条約調印／**12・19** 韓国大統領に李明博当選
	1・5 安藤百福 **1・17** 井沢八郎 **3・22** 城山三郎 **3・27** 植木等 **5・3** 横山ノック **5・22** 平岩外四 **5・27** 坂井泉水 **6・28** 宮澤喜一 **7・18** 宮本顕治 **7・19** 河合隼雄 **7・30** 小田実 **8・1** 阿久悠 **9・4** 瀬島龍三 **11・13** 稲尾和久

元号（年）/西暦（年）	平成19 2007	平成20 2008
首相	福田康夫	麻生太郎 （9・24〜）
国内の出来事	多能性幹細胞（iPS細胞、万能細胞）作製に成功と発表	1・11 衆院、新テロ対策特別措置法再可決。海上自衛隊、インド洋で給油活動再開（〜2・21）／2・19 海上自衛隊イージス護衛艦が房総半島沖で漁船に衝突／4・1 後期高齢者医療制度開始／4・30 改正地方税法成立、ふるさと納税制度導入／7・7 洞爺湖サミット（〜9）／9・1 福田首相、辞任表明／9・24 麻生太郎内閣発足／9・25 米海軍、原子力空母〈ジョージ・ワシントン〉を横須賀基地に配備／10・1 観光庁発足／10・10 大和生命保険経営破綻／10・28 海上自衛隊イージス艦情報流出事件の2等海曹に一審有罪、秘密保護法に初の司法判断／10・31 政府見解を逸脱した論文を書いた航空自衛隊田母神俊雄航空幕僚長更迭／11・28 イラク派遣の航空自衛隊に撤収命令／10・7 南部陽一郎・小林誠・益川敏英にノーベル物理学賞、10・8 化学賞に下村脩
国外の出来事		2・24 キューバ、国家評議会議長フィデル・カストロ引退、弟のラウル・カストロ就任／3・2 ロシア大統領選でメドベージェフ当選、プーチンは首相に／3・14 チベットで民族紛争。甘粛省、四川省に拡大、世界各地で抗議運動／3・22 台湾総統に馬英九当選、8年ぶり国民党政権／5・8 イタリア、ベルルスコーニ内閣発足／8・7 グルジア南オセチア自治州で独立派勢力とグルジア軍が衝突、8・13 アブハジア自治共和国の独立派勢力が全土制圧、8・26 ロシアが南オセチアとアブハジア自治共和国の独立承認／8・8 第29回
主な物故者		2・13 市川崑 4・2 石井桃子 4・6 川内康範 8・2 赤塚不二夫 9・14 小島直記 10・5 緒形拳 10・11 三浦和義 11・7 筑紫哲也 12・5 加藤周一 12・24 飯島愛

平成20	平成21
2008	2009
麻生太郎	
	3・3 東京地検特捜部、小沢一郎民主党代表の秘書を政治資金規正法違反で逮捕／3・10 日経平均株価終値がバブル後の最安値更新で7054円98銭／4・1 ハンセン病問題基本法施行／5・
五輪北京大会開催(〜24)。日本は25個のメダル獲得／9・15 米のリーマン・ブラザーズ証券が史上最大の経営破綻、9・16 AIG保険が公的管理下に、9・25 ワシントン・ミューチアル銀行が破綻、9・29 緊急経済安定化法案否決、ニューヨーク市場ダウ平均株価過去最大の777・68ドル安。世界金融不安。10・3 米下院が7000億ドルの公的資金投入する「金融安定化法」を可決／11・4 米大統領に民主党バラク・オバマ当選。黒人では初／11・14 20ヵ国・地域(G20)の第1回緊急首脳会議(金融サミット)開催(〜15)	1・20 オバマ米大統領就任／4・5 オバマ米大統領、プラハで「核なき世界」提唱(プラハ演説)／4・5 北朝鮮、ミサイ
	5・2 忌野清志郎 8・2 古橋廣之進 8・3 大原麗子 8・12 山城新伍

元号（年）	平成21	平成22
西暦（年）	2009	2010
首相	麻生太郎 鳩山由紀夫（9・16～）	
国内の出来事	11 民主党小沢代表、西松建設の違法献金事件の批判を受け辞任表明／5・16 鳩山由紀夫、民主党代表に就任／5・21 裁判員制度開始／7・8 水俣病救済法成立／7・13 改正臓器移植法成立、「脳死が人の死に」／7・19 民主党鳩山代表、沖縄市で普天間代替施設を「最低でも県外」と発言／8・30 第45回衆院選で民主党大勝、政権交代へ／9・1 消費者庁発足／9・9 民主、社民、国民新党が連立政権樹立で正式合意／9・16 鳩山由紀夫内閣発足／9・17 前原誠司国交相、八ッ場ダム建設中止表明／10・29 日本航空、再建方針発表／12・11 日米、航空自由化で合意／12・15 鳩山首相、ルース駐日米大使に普天間飛行場移設先決定の先送りを伝達／12・24 鳩山首相の元公設秘書を政治資金規正法違反容疑で在宅起訴、元政策秘書を略式起訴	1・1 日本年金機構発足／1・6 反捕鯨団体シー・シェパードの高速船が日本の調査捕鯨船に衝突／1・15 海上自衛隊のインド洋給油活動終了／1・24 沖縄県名護市長選で辺野古移設反対
国外の出来事	ル発射。日本上空を通過して太平洋に落下。4・13 国連安保理、非難の議長表明／4・30 米自動車大手クライスラー、経営破綻／5・25 北朝鮮、地下核実験実施／7・4 北朝鮮、日本海へミサイル発射。7・16 国連安保理、北朝鮮高官への制裁を決定／7・5 中国新疆ウイグル自治区で騒乱／10・9 オバマ米大統領にノーベル平和賞／10・25 イラク、バグダッドで連続爆弾テロ、死者155人	1・12 ハイチでM7の地震、死者22万人以上／2・12 第21回冬季五輪バンクーバー大会開催（～28）。日本は銀メダル3、
主な物故者	10・3 中川昭一 10・29 三遊亭圓楽 11・10 森繁久彌 11・16 水の江瀧子 12・2 平山郁夫	2・8 立松和平 2・17 藤田まこと 4・9 井上ひさし 7・3 梅棹忠夫

平成22	
2010	
鳩山由紀夫	菅直人（6・4〜）
派の稲嶺進が当選／3・9 外務省有識者委員会、60年安保改定時の核持ち込み日米密約を認める／3・26 足利事件の菅家利和さんに再審無罪判決／4・19 橋下徹大阪府知事を代表に地域政党「大阪維新の会」発足／4・20 宮崎県で口蹄疫の牛確認（5・18 東国原知事が非常事態宣言）／4・25 沖縄県内移設反対9万人集会／4・27 改正刑事訴訟法成立、殺人事件などの公訴時効廃止／5・6 停止していた高速増殖原型炉もんじゅが14年ぶりに運転再開／5・23 鳩山首相、米軍普天間飛行場の辺野古への移転を表明し、沖縄県知事に謝罪／5・28 日米政府、普天間基地の移転先を名護市辺野古とする共同声明／5・30 社民党、連立政権を離脱／6・2 鳩山首相、退陣表明。小沢幹事長も辞任／6・4 菅直人が民主党代表に就任、菅内閣発足／7・11 第22回参院選で民主党敗北／7・17 改正臓器移植法施行／9・7 尖閣諸島付近で中国漁船が海上保安庁巡視船に衝突／9・10 厚労省文書偽造事件、村木厚子元局長に無罪判決、検事による証拠改ざんが明らかに／10・1 大阪地検特捜部の前部長ら郵便不正事件でデータ改ざんを知りながら隠した疑いで逮捕／10・6 ノーベル化学賞に鈴木章、根岸英一／11・4	
銅2／3・29 モスクワで連続自爆テロ、40人が死亡、実行犯はイスラム系武装勢力／4・14 中国青海省でＭ７・１の地震、死者２７００人／5・1 上海万博開催（〜10・31）／5・2 ＥＵと国際通貨基金が財政危機のギリシャに支援を決定／8・5 チリのサンホセで鉱山落盤事故発生（10・13 生存者33人救出）／8・31 オバマ米大統領、イラク駐留米軍の戦闘任務終了を宣言／9・20 中国当局、ゼネコン・フジタの社員らを拘束／9・23 中国、レアアースの対日輸出停止／9・28 北朝鮮、金正日総書記の三男金正恩が朝鮮労働党中央委員に選出／10・8 ノーベル平和賞に中国の人権活動家・劉暁波／10・16 中国で数千人規模の反日デモ／10・18 中国の胡錦濤国家主席の後継に習近平が	
8・21 梨元勝 9・26 池内淳子	

元号(年) 西暦(年)	平成22 2010	平成23 2011
首相	菅直人	
国内の出来事	9月の尖閣諸島中国漁船衝突事件の映像が動画投稿サイトで流出／**11・6** 馬淵国交相、群馬・八ッ場ダムの中止方針を撤回／**11・28** 沖縄県知事選で仲井眞弘多知事が再選	**1・22** 宮崎県で鳥インフルエンザ確認／**1・31** 小沢一郎元民主党代表、陸山会の土地取引事件で強制起訴／**3・11** 東日本大震災発生、三陸沖震源で世界最大級のM9の地震・津波で岩手、宮城、福島に壊滅的被害。東京電力福島第一原発の炉心冷却システム停止で初の原子力緊急事態宣言／**3・12** 福島第一原発で水素爆発、多量の放射性物質が拡散。東電、1～3号機の炉心溶融（メルトダウン）を5月に認める／**3・30** 東京電力、福島第一原発廃炉を表明／**4・1** 福島第一原発で放射性汚染水の流出が発覚／**4・12** 原子力安全・保安院、福島原発事故レベルをチェルノブイリ級の「レベル7」に修正／**4・22** 福島原発20キロ圏内を警戒区域に／**5・6** 菅首相、浜岡原発の停止を中部電力に要請／**6・20** 復興基本法成立、復
国外の出来事	内定／**11・1** メドベージェフ露大統領が国後島を訪問／**11・2** 米中間選でオバマ民主党大敗／**11・23** 北朝鮮、韓国大延坪島を砲撃	**1・14** チュニジアのベンアリ大統領がデモ激化で国外退出。「アラブの春」先導／**1・20** 中国の2010年の国内総生産（GDP）を発表、日本を抜き世界第2位／**2・11** エジプトで民主化求めるデモ激化、ムバラク大統領辞任／**2・22** ニュージーランド南部でM6・3の地震、日本人28人含む184人が死亡／**4・28** パレスチナ、主要組織ファタハとハマスが和平合意／**5・2** 米軍、パキスタンに潜伏していた米同時多発テロの首謀者オサ
主な物故者		**2・5** 永田洋子 **3・8** 谷沢永一 **5・6** 団鬼六 **5・16** 児玉清 **5・21** 長門裕之 **7・26** 小松左京 **7・27** 伊良部秀輝 **11・21** 立川談志 **12・10** 市川森一

平成24 2012	平成23 2011	
	野田佳彦 (9・2〜)	菅直人
2・18 天皇陛下、狭心症の治療のため心臓冠動脈バイパス手術／3・27 シャープが台湾・鴻海精密工業との資本・業務提携を発表／5・22 東京スカイツリー開業／6・27 東京電力、実質国有化決定／9・26 安倍晋三、自民党総裁に／9・28 国政政党「日本維新の会」発足、代表に橋下徹大阪市長、幹事長に松井一郎大阪府知事／10・1 普天間飛行場に米新型輸送機オスプレイ配備／10・8 山中伸弥京大教授、ノーベル医学生理学賞受賞／12・16 衆院選で自民党圧勝、公明党と合わせて	興庁の設立、復興債の発行などを盛る／7・1 東京、東北電力の管内で電力使用制限令発動／7・5 松本龍復興相が辞任／7・6 九州電力の社員らによる原発再稼働の「やらせメール」問題発覚／7・16 関西電力大飯原発1号機、トラブルで停止／8・3 原子力損害賠償支援機構法が成立／9・2 野田佳彦内閣発足／11・1 南スーダンへ自衛隊部隊派遣決定／11・8 オリンパスで1000億円以上の損失隠しが発覚／11・27 大阪維新の会の橋下徹、松井一郎が大阪市長、大阪府知事に当選／12・16 野田首相、原子炉が冷温停止状態で原発事故は収束と宣言	
1・14 台湾総統選で馬英九再選／1・20 欧州連合のユーロ圏17ヵ国が13億8000億円相当の支援を決定／3・4 ロシア大統領選でプーチン首相当選、メドベージェフ大統領が首相に／3・15 中国共産党、重慶市トップ薄熙来解任／4・11 金正恩、朝鮮労働党第一書記に就任／7・27 第30回五	マ・ビンラディンを射殺／6・13 イタリアの国民投票で原発反対派が圧勝、原発再開を凍結へ／8・6 格付け会社S&Pが初めて米国債の格下げ／10・20 リビアの反体制派、カダフィ大佐を殺害／12・18 米軍、イラクからの撤退完了／12・19 北朝鮮、金正日総書記の死去と金正恩の後継を発表	
3・14 榎本喜八 3・16 吉本隆明 6・25 団藤重光 8・5 浜田幸一 9・16 樋口廣太郎 10・13 丸谷才一 12・10 小沢昭一		

元号（年）	平成24	平成25
西暦（年）	2012	2013
首相	野田佳彦 安倍晋三（12・26～）	
国内の出来事	3分の2の議席を確保／**12・16** 東京都知事選で猪瀬直樹当選／**12・25** 海江田万里元経産相が民主党代表に就任／**12・26** 第2次安倍晋三内閣が発足、3年3ヵ月ぶりに自公連立政権	**1・11** 緊急経済政策を閣議決定。事業費総額20・2兆円／**2・1** 米国産牛肉の輸入規制を緩和／**3・15** 安倍首相、TPP交渉参加を表明／**3・20** 日本銀行総裁に黒田東彦就任／**3・22** 安倍政権、米軍普天間飛行場の移設に向けて辺野古埋め立てを沖縄県知事に申請／**4・4** 日銀、金融政策決定会合で、市場に流す金を2年で2倍に増やすと決定、過去最大の量的緩和／**4・5** 東京電力、福島第一原発の汚染水漏れを公表／**5・30** 原子力規制委員会、高速増殖原型炉もんじゅの運転再開準備を禁止／**6・22** 富士山が世界文化遺産に／**7・2** 東京電力、柏崎刈羽原発の再稼働申請
国外の出来事	輪ロンドン大会開催（～**8・12**）。日本は史上最多の38個のメダル獲得／**8・10** 韓国の李明博大統領が竹島上陸／**11・6** オバマ米大統領再選／**11・15** 習近平、中国共産党総書記就任／**12・12** 北朝鮮、長距離弾道ミサイル発射	**2・11** ローマ法王ベネディクト16世が高齢を理由に生前退位表明／**2・12** 北朝鮮、3度目の核実験実施／**3・13** フランシスコ新ローマ法王がコンクラーヴェで選出／**3・25** 欧州連合、キプロスに100億ユーロ支援を合意／**3・31** 中国政府、鳥インフルエンザが人に感染と発表／**4・20** 中国四川省でM7の地震、360人が死亡／**8・14** エジプトでム
主な物故者		**1・15** 大島渚 **1・26** 安岡章太郎 **2・8** 江副浩正 **4・14** 三國連太郎 **5・3** 中坊公平 **8・24** 谷川健一 **9・29** 山崎豊子 **10・13** やなせたかし **11・8** 島倉千代子 **12・30** 大瀧詠一

平成25	平成26
2013	2014
安倍晋三	
の方針表明／7・21 参院選で自公圧勝、衆参のねじれ解消／7・22 東京電力、福島第一原発で汚染地下水の海への流出認める／9・7 2020年の東京五輪開催が決定／12・6 特定秘密保護法成立／12・19 猪瀬東京都知事、「徳洲会」グループからの金銭授受問題で辞職表明／12・26 安倍首相、靖国神社参拝／12・27 仲井眞沖縄県知事、辺野古埋め立てを承認	1・7 国家安全保障局発足／1・19 沖縄県名護市長選で辺野古移転反対派の稲嶺進が再選／1・29 理化学研究所などが「STAP細胞」を発表／3・23 大阪市長選で橋下徹が再選／4・1 消費税が8％に引き上げ／4・1 理化学研究所、STAP細胞論文を不正と認定。4・9 STAP細胞問題で小保方晴子会見、論文を撤回しない考えを表明／4・11 エネルギー基本計画を閣議決定、原発を主要な電源の一つとして再稼働を明記／4・11 改正少年法成立、罪を犯した少年の有期刑の上限を15年に引き上げ／5・15 安倍首相、
ルシ前大統領支持派のデモを治安部隊が排除、900人以上が死亡／9・5 G20首脳会議でシリアへの軍事介入に支持求めるオバマ米大統領とロシアのプーチン大統領が対立／9・22 独総選挙で与党大勝、メルケル首相3選／12・12 北朝鮮、張成沢前国防委員会副委員長を「国家転覆を図った」として処刑	2・7 第22回冬季五輪ソチ開催(〜23)。日本はメダル8個を獲得／2・23 ウクライナ政権崩壊／3・18 ロシアがクリミアを併合／3・18 台湾で学生らが立法院を占拠。対中政策への反発が引き金／4・16 韓国の旅客船セウォル号が沈没、295人が死亡／5・16 インドの総選挙で野党のインド人民党が圧勝し政権交代、翌
	1・3 やしきたかじん 1・16 小野田寛郎 2・28 まど・みちお 3・12 大西巨人 4・30 渡辺淳一 5・30 粕谷一希 9・7 山口淑子 9・18 宇沢弘文 9・20 土井たか子 10・26 赤瀬川原平

元号（年）	平成26	平成27
西暦（年）	2014	2015
首相	安倍晋三	
国内の出来事	集団的自衛権行使容認の検討を表明／6・21 富岡製糸場と絹産業遺産群が世界文化遺産に／7・1 安倍内閣、集団的自衛権の行使を容認する閣議決定／9・9 宮内庁、「昭和天皇実録」公表／9・11 朝日新聞、「吉田調書報道」を取り消し／9・27 長野、岐阜県境の御嶽山が噴火／10・7 ノーベル物理学賞に赤﨑勇・天野浩・中村修二／11・16 沖縄県知事選で辺野古移転反対派の翁長雄志が当選／12・10 特定秘密保護法施行／12・14 衆院選で自公が大勝／12・19 理化学研究所、STAP細胞の検証実験打ち切り／12・27 3・5兆円規模の経済対策を閣議決定	1・24 IS、湯川遥菜さん殺害の画像公開／2・1 IS、後藤健二さん殺害の映像公開／2・20 川崎市の多摩川河川敷で中1男子の遺体発見。殺人容疑などで18歳少年ら逮捕／3・31 渋谷区で同性パートナー条例成立／4・8 天皇、皇后両陛下、パラオを訪問／5・27 東京電力、福島第一原発の
国外の出来事	日ナレンドラ・モディが首相就任／5・22 タイで国軍幹部がクーデターを決行／7・17 マレーシア航空機がウクライナ東部で撃墜され、298人死亡／8・8 米軍、イラクで過激派組織イスラム国を空爆／9・29 香港で行政長官選挙をめぐってデモ／11・10 環太平洋経済連携協定（TPP）の首脳会合、合意時期を示せず閉幕／12・17 オバマ米大統領がキューバとの国交渉に入ることを表明	1・7 イスラム過激派、仏週刊新聞「シャルリー・エブド」襲撃／2・15 ウクライナ東部で停戦発効／4・11 オバマ米大統領とキューバのラウル・カストロ国家評議会議長が会談
主な物故者	11・10 高倉健 11・27 松本健一 12・30 宮尾登美子	1・21 陳舜臣 1・26 奥平康弘 4・22 船戸与一 5・6 松下圭一 5・17 車谷長吉 7・20 鶴見俊輔

平成27 2015	平成28 2016
安倍晋三	
高濃度汚染水の「処理完了」と発表／5・29 口永良部島の新岳が噴火／6・1 日本年金機構にサイバー攻撃、年金情報が流出／6・17 選挙権年齢変更の改正公職選挙法成立／7・21 東芝、不正会計で歴代3社長が引責辞任／7・31 東電元会長ら3人、原発事故で強制起訴へ／8・5 文科省、2022年度を目途に高校の新科目「公共」必修化する案を公表／8・11 九州電力川内原発1号機が再稼働／8・14 安倍内閣、戦後70年の「安倍談話」を閣議決定／8・15 天皇陛下、「先の大戦に対する深い反省」表明／8・27 指定暴力団山口組が分裂／9・19 集団的自衛権行使の要件などを規定した安全保障関連法成立／10・5 ノーベル医学生理学賞に大村智、10・6 ノーベル物理学賞に梶田隆章／10・13 沖縄県の翁長知事、辺野古埋め立て承認取り消し／12・28 日韓外相会談で慰安婦問題合意	1・29 日本銀行、マイナス金利政策の導入決定／2・26 2015年の簡易国勢調査の速報値で、日本の総人口が初めて減少／2・29 福島原発事故をめぐり東電元会長ら3人を強制起訴／3・27 民主党と維新の党が合流し、民進党発足。初代
／4・25 ネパールでM7・8の地震、約9000人が死亡／6・1 中国・長江で客船が転覆、442人が死亡／7・20 米・キューバ国交回復／9・3 中国、戦勝70周年の軍事パレード／11・7 中国の習近平国家主席と台湾の馬英九総統が会談／11・13 パリで同時多発テロ、死者130人。ISが犯行声明／12・12 国連気候変動枠組条約で合意	1・1 中国の「一人っ子政策」終了／1・6 北朝鮮、4度目の核実験／3・20 オバマ米大統領、キューバ訪問。現職としては88年ぶり／3・30 台湾の
8・3 阿川弘之 9・5 原節子 10・31 佐木隆三 11・30 水木しげる 12・9 野坂昭如 12・16 安藤昇	4・10 山岸章 4・26 戸川昌子 5・12 蜷川幸雄 6・21 鳩山邦夫 7・7 永六輔

元号（年）／西暦（年）	平成28 2016	平成29 2017
首相	安倍晋三	
国内の出来事	代表に岡田克也／3・29 集団的自衛権の行使などを認める安全保障関連法が施行／4・1 電力小売りが全面自由化／5・26 伊勢志摩サミット開催(〜27)／5・27 オバマ米大統領、被爆地広島を訪問／6・19 選挙権年齢引き下げの改正公職選挙法施行／7・10 参院選で与党が大勝、「改憲勢力」が両院で３分の２の議席／7・26 神奈川・相模原の障害者施設で入居者19人が刺殺され、元職員を逮捕／7・31 東京都知事選で小池百合子が当選／8・8 天皇陛下、生前譲位のお気持ち表明／8・14 アイドルグループ「ＳＭＡＰ」の年内解散発表／10・3 ノーベル医学生理学賞に大隅良典／10・20 日産自動車、三菱自動車を傘下に／11・7 電通、違法な長時間労働で本社などに強制捜査／11・15 南スーダンＰＫＯに派遣する陸自部隊に駆けつけ警護の新任務、閣議決定／12・27 安倍首相、ハワイの真珠湾を訪問	1・27 東芝、半導体事業の分社化決定／2・7 防衛省、廃棄したとしていたＰＫＯ派遣部隊の日報公表／2・9 森友学園への国有地売却の疑惑
国外の出来事	鴻海精密工業がシャープ買収を決議／3・30 ミャンマーで新政権発足、アウンサン・スーチーが実質指導／6・23 英、ＥＵ離脱の是非を問う国民投票で「離脱」が多数。残留派のキャメロン首相が辞意表明／9・9 北朝鮮、５回目の核実験／11・4 地球温暖化対策の新国際ルール「パリ協定」発効／11・8 米大統領選で共和党の実業家ドナルド・トランプが勝利／11・22 ロシア軍、国後島と択捉島に地対艦ミサイルの配備完了／12・9 韓国の朴槿恵大統領の弾劾訴追案を国会が可決	1・1 トルコ・イスタンブールで銃乱射、１００人以上が死傷。ＩＳが犯行声明／1・20
主な物故者	7・12 大橋巨泉 7・26 中村紘子 7・31 千代の富士貢 8・13 下河辺淳 9・9 加藤紘一 10・20 田部井淳子 平尾誠二 10・27 三笠宮崇仁親王 12・30 渡辺和子	1・21 松方弘樹 2・3 三浦朱門 2・13 鈴木清順

平成29

2017

安倍晋三

発覚／**2・23** 日産自動車、**4・1**付でカルロス・ゴーン社長兼最高経営責任者が退任と発表／**2・24** プレミアム・フライデー始まる／**3・10** 政府、南スーダンPKO派遣中の陸自施設部隊の5月末撤収を決定／**3・23** 森友学園・籠池泰典理事長を国会に証人喚問、国有地借り受けについて安倍首相夫人に相談したと証言／**3・29** 東芝の米原発子会社ウェスチングハウスが経営破綻／**4・21** 天皇陛下の退位をめぐる有識者会議、最終報告／**4・25** 沖縄の米軍普天間基地の移設計画で、政府が辺野古の護岸造成に着手／**4・26** 今村雅弘復興相が失言で辞任／**5・3** 安倍首相、憲法9条に自衛権を明記する案など、新憲法の2020年施行に言及／**5・17** 加計学園の獣医学部新設をめぐる「総理の意向」文書が判明／**6・9** 天皇陛下の退位特例法成立／**6・13** 強毒性の外来種ヒアリ初確認／**6・15** 共謀罪の趣旨を盛り込んだ改正組織的犯罪処罰法成立／**6・20** 小池都知事、築地市場の豊洲移転の方針を発表／**7・2** 東京都議選、自民党歴史的惨敗。第一党は都民ファーストの会／**7・5** 東京区検、電通を労働基準法違反で略式起訴／**7・9** 沖ノ島と関連遺

ドナルド・トランプ、第45代米大統領に就任、「米国第一主義」を掲げ、国際協調路線を否定／**2・13** 北朝鮮の金正恩朝鮮労働党委員長の異母兄金正男がマレーシアで毒殺、北朝鮮工作員が関与／**3・10** 韓国憲法裁判所、朴槿恵大統領に対する弾劾を妥当とし、罷免を宣告。**3・31** 韓国検察、朴槿恵前大統領を収賄や職権乱用の疑いで逮捕／**5・7** 仏大統領選でマクロン当選／**5・10** 韓国大統領選で文在寅が当選、9年ぶりの革新政権／**5・20** イラン大統領選、現職のロハニ師再選、対外融和路線を継続／**6・1** トランプ米大統領、パリ協定からの米離脱を表明／**6・7** イラン首都テヘランでテロ、ISが犯行声明／**7・4** 北朝鮮、大陸間弾道ミサイ

4・17 渡部昇一
5・21 与謝野馨
6・12 大田昌秀
6・13 野際陽子
6・22 小林麻央
7・18 日野原重明
7・24 犬養道子
8・28 羽田孜
10・14 西室泰三
12・8 野村沙知代
12・16 早坂暁

元号(年)	平成29
西暦(年)	2017
首相	安倍晋三
国内の出来事	産群が世界文化遺産に／**7・28** 稲田防衛相、PKO日報問題で防衛省の特別監査結果を公表し、引責辞任／**7・31** 大阪地検特捜部、森友学園の籠池理事長夫妻を補助金詐取の容疑で逮捕／**9・1** 民進党代表選で前原元外相が新代表に選出／**9・13** 約598億円の年金支給漏れ発覚／**9・25** 小池都知事が希望の党旗揚げ、**9・28**に民進党と合流／**10・2** 枝野幸男元官房長官が立憲民主党結成／**10・5** ノーベル文学賞に日系英国人カズオ・イシグロ／**10・22** 第48回総選挙で自民大勝／**11・14** 林文科相、加計学園の獣医学部新設を認可／**11・14** 小池都知事、希望の党代表を辞任、新代表に玉木雄一郎／**12・1** 皇室会議、天皇陛下の退位日を19年4月30日とする意見を取りまとめ
国外の出来事	ルの発射成功と発表／**7・5** 日本とEU、経済連携協定(EPA)で大筋合意／**7・7** 国連会議で核兵器禁止条約採択、日本は参加せず／**9・3** 北朝鮮、6回目の核実験実施と発表／**9・11** 国連安保理、北朝鮮への制裁決議を採択／**9・24** ドイツ総選挙でメルケル首相率いる与党が第一党を維持／**10・12** 米国、18年末のユネスコ脱退を発表／**11・11** 米国を除く環太平洋経済連携協定(TPP)が大筋合意／**11・24** エジプト・シナイ半島のモスクが襲撃され、305人死亡。IS系組織の犯行説／**12・6** トランプ米大統領、エルサレムをイスラエルの首都と承認、国連安保理で英仏中露が米を批判。**12・21** 国連総会、エルサレ
主な物故者	

	平成30
	2018
	安倍晋三
	1・22 安倍首相、憲法改正への意欲表明／1・30 宮城県内の女性が旧優生保護法下の強制不妊手術に対し国家賠償請求訴訟を提起／2・9 財務省、森友学園との交渉をめぐる新文書公表／3・9 森友問題で佐川宣寿国税庁長官が辞任／3・12 財務省、公文書改ざん認める／4・2 防衛省、「存在しない」としてきた陸自のイラクでの活動報告が見つかったと公表。4・16 防衛省、イラク日報を開示／4・9 黒田東彦日銀総裁が再任／4・10 加計学園の獣医学部問題で愛媛県職員が首相秘書官発言として「首相案件」と記録、県知事認める／4・18 福田淳一財務次官、女性記者へのセクハラ発言疑惑で辞任／5・6 アメフトの日大選手が関学大戦で悪質タックルをし、問題化／5・7 民進党と希望の党が新党「国民民主党」を結党／5・31 大阪地検、森友問題で財務省幹部ら38人を不起訴処分／6・4 財務省、森友公文書改ざん問題で調査結果公表／6・13 改正民法成立、成人年齢18歳に(22年施行)／6・18 大阪府北部で最大震度6の地震、6人が死亡／6・30
ムをイスラエルの首都と承認した米に撤回求める決議採択	1・1 北朝鮮、大陸間弾道ミサイル(ICBM)の実戦配備を宣言／2・2 トランプ米政権、小型核兵器の開発を明記した「核戦略見直し」を発表／2・9 平昌冬季五輪開催(〜25)。日本は過去最多の13個のメダル／3・11 中国、国家首席の任期「2期10年」規定を撤廃、習近平政権の長期化が可能に／3・18 露大統領選でプーチンが4選／3・22 韓国、李明博元大統領を収賄容疑で逮捕／4・6 韓国の朴槿恵前大統領に懲役24年の実刑判決／4・14 米英仏、シリアをミサイル攻撃／4・27 金正恩朝鮮労働党委員長が訪韓、北朝鮮指導者として初。5・26 韓国・文在寅大統領と金正恩朝鮮労働党
	1・4 星野仙一 1・21 西部邁 1・26 野中広務 2・10 石牟礼道子 2・20 金子兜太 5・16 西城秀樹 6・7 日高六郎 7・13 浅利慶太 8・4 津川雅彦 8・15 さくらももこ 9・15 樹木希林 9・18 山本KID徳郁 10・10 佐々淳行 10・11 仙谷由人

元号(年)	西暦(年)	首相
平成30	2018	安倍晋三

国内の出来事

潜伏キリシタン関連遺産が世界文化遺産に／**7・6** オウム真理教元代表の松本智津夫(麻原彰晃)死刑囚と元幹部6人に死刑執行。**7・26**も元幹部6人の死刑執行／**7・6** 九州・中国地方など西日本で豪雨、雨は7日以降も続き死者220人超、平成最悪の豪雨災害／**7・20** カジノ実施法成立／**8・8** 翁長雄志沖縄県知事、死去／**9・6** 北海道で最大震度7の地震。道内で大規模停電／**9・16** 歌手の安室奈美恵引退／**9・25** LGBTをめぐる寄稿や特集で批判を受けた「新潮45」休刊／**9・30** 沖縄県知事選で辺野古移設反対の玉城デニー当選／**10・1** ノーベル医学生理学賞に本庶佑京大特別教授／**10・6** 東京・築地市場が営業終了、豊洲市場が11日に開場／**10・25** シリアで拘束されていた安田純平さん帰国／**11・19** 東京地検、日産自動車のカルロス・ゴーン会長を報酬の過少記載容疑で逮捕。**11・22** 日産、ゴーン会長を解任／**12・8** 改正出入国管理法成立、外国人労働者の受け入れを拡大／**12・14** 政府、辺野古沿岸部の埋め立て区域への土砂投入を開始／**12・21** 東京地検、会社法違反(特別背任)で日産ゴーン

国外の出来事

委員長が再び会談／**5・14** 米、在イスラエル大使館をエルサレムに移転、パレスチナ自治区でデモ／**6・12** トランプ米大統領と北朝鮮・金正恩朝鮮労働党委員長が会談、同国の非核化を協議／**7・17** 日・EU首脳が経済連携協定(EPA)署名(**19・3**発効)／**9・19** 韓国と北朝鮮、共同宣言に署名／**10・2** サウジアラビア人記者がトルコのサウジ総領事館で殺害される／**10・6** 米で中間選挙、下院は野党民主党が過半数で「ねじれ議会」に／**11・5** 米、対イラン制裁を全面復活／**10・30** 韓国最高裁、元徴用工への賠償を新日鉄住金に求める判決、11月にも三菱重工業相手の訴訟で同様の判決

主な物故者

平成31	
2019	
安倍晋三	
1・7 昭和天皇逝去30年の式年祭 2・24 天皇陛下御在位30年記念式典 4・30 天皇陛下、退位。「退位礼正殿の儀」 5・1 皇太子、天皇即位	前会長を再逮捕
2・1 日本とEUとの経済連携協定(EPA)発効	
1・12 梅原猛 1・31 岡留安則 2・5 堀文子 2・8 堺屋太一	

【著者】
保阪正康（ほさか まさやす）
1939年北海道生まれ。ノンフィクション作家、評論家。2004年、一連の昭和史研究により菊池寛賞受賞。2017年『ナショナリズムの昭和』（幻戯書房）で和辻哲郎文化賞を受賞。著書に『昭和陸軍の研究』（朝日選書）、『東條英機と天皇の時代』（ちくま文庫）、『瀬島龍三』（文春文庫）、『昭和の怪物 七つの謎』（講談社現代新書）、『松本清張と昭和史』『昭和史の一級史料を読む』『昭和史の深層』（以上、平凡社新書）『風来記 わが昭和史』（全2巻、平凡社）など多数。

平凡社新書９０８

平成史

発行日――2019年３月15日　初版第１刷

著者――保阪正康

発行者――下中美都

発行所――株式会社平凡社
東京都千代田区神田神保町3-29　〒101-0051
電話　東京（03）3230-6580［編集］
　　　東京（03）3230-6573［営業］
振替　00180-0-29639

印刷・製本―株式会社東京印書館

装幀――菊地信義

ISBN978-4-582-85908-9
NDC 分類番号210.76　新書判（17.2cm）　総ページ232
平凡社ホームページ　http://www.heibonsha.co.jp/